LE GUIDE INDEPENDANT DE DISNEYLAND PARIS 2020

G. COSTA

Limitation de responsabilité et décharge de garantie :
L'éditeur a déployé des efforts maximaux pour préparer ce livre, et les informations qui y sont fournies sont présentées « dans l'état ». Independent Guides et l'auteur ne proposent aucune représentation ou garantie à l'égard de l'exactitude ou la complétude du contenu de ce livre, et se déchargent spécifiquement de toute garantie de valeur marchande ou de conformité quant à tout objectif particulier, et ils ne pourront en aucun cas être tenus responsables de tout manque à gagner ou autres dommages commerciaux, y compris, sans y être limités, des dommages particuliers, accidentels, consécutifs ou autres dommages.

Avis sur les droits d'auteur :
Contenu protégé par copyright (C) 2012-2020 Independent Guides. Tous droits réservés. Aucune partie de ce document ou des fichiers liés ne pourra être reproduite ou transmise sous quelque forme que ce soit, de quelque manière que ce soit (voie électronique, photocopie, enregistrement, ou autre) sans obtenir précédemment la permission écrite de l'éditeur, à moins que cela ne vise un usage personnel. Certaines images et certains textes sont protégés par copyright (C) The Walt Disney Company, ses associés et ses filiales. Ce guide n'est pas un produit de The Walt Disney Company, et il n'est pas non plus avalisé par cette société.

MISES À JOUR CONCERNANT LE COVID-19

Au moment de la rédaction de ce livre, le monde traverse une pandémie. Après près de quatre mois de fermeture, Disneyland Paris a rouvert le 15 juillet 2020. Plusieurs modifications ont été apportées aux parcs pour assurer la sécurité des invités.

Ce livre a été écrit pour être pertinent à la fois avant, pendant et après le Covid-19. Comme nous ne savons pas combien de temps cela durera, nous n'avons pas modifié chaque section individuelle car nous voulons que celles-ci vous soient utiles pour vos futures visites également. Au lieu de cela, vous devez savoir que les modifications suivantes peuvent s'appliquer lors de votre visite. Ces changements sont à jour en juillet 2020 mais pourraient bien être modifiés dans les mois à venir.

Le port du masque est obligatoire pour tous les visiteurs de onze ans et plus (sauf lors des repas), les *Cast Members* (le personnel) ainsi que les prestataires.

Des marqueurs de distanciation sociale sont présents dans les attractions. Le *Fastpass* et *Single Rider* ne sont pas opérationnels dans les parcs. Seules les files d'attente standard sont utilisées. Dans les attractions, les invités seront séparés par des sièges et / ou des rangées vides.

Disneyland Paris augmente la fréquence des mesures de nettoyage, en plus des standards de propreté déjà mis en place. Plus de 2000 points de distribution de gel hydroalcoolique sont à votre disposition.

Les personnages n'accueillent plus les invités à proximité. A la place, ils peuvent prendre des photos à distance avec ces derniers. Ceux-ci sont connus sous le nom de «spots de selfie». Les personnages n'apparaîtront pas aux repas. *Disney Stars on Parade* et *Disney Illuminations* sont suspendus. Tous les autres spectacles du parc sont aussi actuellement suspendus, ainsi que les terrains de jeux tels que *La Plage des Pirates*.

En raison de la capacité limitée du parc, les invités doivent faire une réservation pour entrer en plus d'acheter des billets ou des pass annuels. Ceux-ci peuvent être effectués en ligne sur www.disneylandparis.com/fr-fr/enregistrement-billets/. Les clients qui achètent des billets pour une date précise n'ont pas besoin d'une réservation d'entrée supplémentaire au parc. Tous les hôtels ne sont pas ouverts.

Les repas sous forme de buffet sont suspendus. Lorsque l'option « à volonté » est disponible, vous devrez faire demande de chaque plat à un *Cast Member*. Les offres alimentaires peuvent changer.

Les cartes du parc et les programmes horaires ne sont pas distribués - vous devrez utiliser l'application officielle de Disneyland Paris pour obtenir ces informations.

Veuillez-vous renseigner auprès du parc avant de visiter pour voir quelles mesures sanitaires sont misent en place lors de votre visite.

Table des matières

1: Présentation de Disneyland Paris	4
2: Planifiez votre Voyage	5
3: S'y Rendre	8
4: Les Hôtels	10
5: Les Tickets	24
6: Les Services des Parc	28
Le Fastpass	28
Les Photos sur Les Attractions	31
Le PhotoPass	32
Les Moments de Magie en Plus	35
Recontrer les Personnages	37
Comment Réduire son Temps d'Attente	38
7: Se Restaurer	40
8: Le Parc Disneyland	44
Main Street, U.S.A.	46
Frontierland	48
Adventureland	51
Fantasyland	54
Discoveryland	61
Les feux d'artifice	65
Les Parades	67
9: Le Parc Walt Disney Studios	68
Front Lot	70
Production Courtyard	71
Backlot	72
Toon Studio	73
Toy Story Playland	76
10: Plans de Visite	78
11: En Dehors des Parcs	84
12: Les Visiteurs en Situation de Handicap	91
13: Les Saisons et L'avenir	94
Plans des Parcs	101

Présentation de Disneyland Paris

Disneyland Paris est la destination la plus appréciée en Europe : elle a attiré plus de 300 millions de visiteurs au cours des 27 dernières années.

Le projet du complexe est né dans les années 1980, les dirigeants de Disney souhaitant importer la magie des parcs à thème Disney en Europe, là où sont nées les histoires d'origine qui inspire tant de contes Disney.

Ils ont vite décidé de construire un complexe en France en raison de sa position centrale et de sa météo avantageuse comparée à celle de certains pays plus au nord de l'Europe. Le fait que le site soit situé à moins de deux heures d'avion de nombreuses destinations européennes a fini de convaincre les dirigeants – le gouvernement français ayant promis d'établir des infrastructures d'accès au complexe.

Le Parc Disneyland a ouvert ses portes en 1992 en tant que version européenne du Disneyland californien. Néanmoins, son agencement a été modifié pour refléter la culture locale et profiter de toutes l'espace dont la société avait pu faire l'acquisition.

En 2002, le Parc Walt Disney Studios est devenu le deuxième parc du complexe, devenant la destination pour les fans de cinéma.

En plus des deux parcs à thème, les visiteurs peuvent profiter de la zone du Disney Village (accès gratuit) où l'on trouve de quoi faire du shopping et se sustenter grâce à un large éventail de possibilités.

Il y a également sur place un parcours de golf, un camping avec une aire de jeu d'aventure et six hôtels à thème.

Disneyland Paris n'est pas seulement un parc à thème ou un endroit où l'on peut faire des montagnes russes. Les visiteurs peuvent y rencontrer des personnages, y voir des spectacles et des parades, se faire de nouveaux amis et profiter d'une ambiance avec laquelle aucun autre parc à thème européen ne peut rivaliser. Ceux qui aiment les frissons n'y trouveront peut-être pas les attractions les plus rapides et les plus hautes d'Europe, mais la qualité des expériences qu'on y propose est sans pareille.

2020 est une année formidable pour visiter le complexe alors qu'il continue d'innover.

Disneyland Paris est un endroit où tous les jours, les rêves des visiteurs deviennent réalité, et vous êtes sur le point de devenir l'un d'eux.

Chapitre Deux | Planifiez votre voyage

Planifiez votre voyage

La planification d'un voyage à Disneyland Paris peut sembler décourageante. Vous devez penser au transport, à l'hébergement, à la nourriture, aux billets de parc, aux dépenses, etc. Cette section vise à vous préparer.

Quand s'y rendre

À Disneyland Paris, la densité de la foule peut varier considérablement selon les saisons, et même selon les jours. En une seule journée, cette différence pourra vous faire gagner des centaines d'euros et des heures d'attente. Il vous faudra prendre en compte les vacances scolaires et les jours fériés en France et dans les pays environnants, la météo, les tarifs, entre autres, pour trouver le moment idéal pour s'y rendre. Voici notre guide des meilleurs moments pour visiter Disneyland Paris ; nous avons même inclus une analyse détaillée de chaque jour de la semaine.

Les vacances les plus importantes (moments à éviter)

- Du 1er au 5 janvier : Nouvel An et vacances scolaires
- Du 9 février au 8 mars : Vacances scolaires en France et au Royaume-Uni
- 17 mars : Saint Patrick (les fêtes entraînent souvent plus de foule)
- Du 5 avril au 3 mai : Vacances de Pâques – période particulièrement chargée du 6 au 19 avril.
- Du 1er au 3 mai : Week-end de la Fête du Travail
- Du 8 au 10 mai : Week-end de la Fête de la Victoire
- Du 21 au 24 mai : Week-end du jour de l'Ascension
- Le 30 et le 31 mai : Pentecôte
- Du 15 juin au 6 septembre : Vacances scolaires d'été dans toute l'Europe. Août est de loin le mois où le parc est le plus fréquenté. Il y a plus de monde en juillet qu'en juin.

Le parc est moins encombré en septembre à partir du 4.
- Le 14 juillet : Fête nationale française (jour férié)
- Le 15 août : Assomption férié
- Les week-ends de septembre et d'octobre
- Du 17 octobre au 1er novembre : Vacances scolaires au Royaume-Uni et en France, Halloween
- Le 11 novembre : Armistice férié
- Du 19 décembre 2020 au 4 janvier 2021 : Vacances de Noël. C'est le 31 décembre qu'il y a le plus de monde.

Astuce : Si un jour férié tombe un vendredi ou un lundi, le week-end en question devient un pont (un long week-end). S'il tombe un jeudi ou un mardi, nombreux sont ceux qui en font un week-end de 4 jours. Évitez les ponts, pendant lesquels les parcs sont toujours très fréquentés.

Les jours de la semaine

Le jour de la semaine que vous choisissez pour votre visite peut avoir un impact important sur le temps que vous passez à attendre pour monter sur les attractions. Il peut y avoir un temps d'attente de 90 minutes pour une attraction un jour, et de seulement 30 minutes le suivant. La différence la plus notable se fait entre les jours de semaine et le week-end. Le meilleur jour de la semaine pour s'y rendre est le lundi, suivi du mardi, du jeudi, puis du mercredi, du vendredi et du dimanche – le jour où la fréquentation est la plus élevée est de loin le samedi. Les horaires du parc sont souvent étendus les jours de week-end pour compenser le fait que la foule soit plus importante.

Visiter Disney avec un budget limité

Un voyage à Disneyland Paris peut coûter cher – c'est un parc à thème d'excellente qualité et avec le voyage, les tickets d'entrée, l'hébergement, la nourriture et les souvenirs, on peut facilement s'imaginer pourquoi de nombreuses familles économisent longtemps avant de s'y rendre. Néanmoins, il y a diverses façons de réduire vos dépenses sur le site tout en y passant tout de même des moments magiques.

1. Allez-y en voiture – Les visiteurs de toute l'Europe peuvent s'y rendre en voiture. Cela représente par exemple un trajet facile de 3 heures à partir de Calais, avec 18 à 22 € de péages pour l'aller comme le retour, selon l'itinéraire que vous choisissez entre Calais et Disneyland Paris, en plus du coût du carburant.

2. Vols économiques – Il y a des vols qui sont disponibles à partir de 40 € de toute l'Europe vers Paris. L'aéroport Charles de Gaulle est le plus pratique, suivi d'Orly. Évitez l'aéroport Paris Beauvais-Tillé, qui est situé à plus de 120 km des parcs.

3. Prenez le train – Les trains TGV et Eurostar vous permettent de vous rendre jusqu'au complexe. Essayez InOui (en.oui.sncf), qui proposent des voyages bon marché sur des trains à grande vitesse à partir de nombreuses localités dans toute la France.

Les tarifs TGV « Prem's » proposent souvent de bons tarifs. Vous arriverez à la gare de *Marne-la-Vallée – Chessy*.

4. Les hôtels – Les hôtels Disney sont plus chers comparés à d'autres hôtels environnants, comme le *Kyriad* par exemple, qui propose des offres à 60 € la nuitée. Néanmoins, si vous ne séjournez pas dans un hôtel Disney, vous n'aurez pas accès au service 'Moments de Magie en Plus' et certains autres avantages.

Vous pouvez aussi séjourner dans les hôtels plus abordables de Disney, tels les hôtels Cheyenne ou Santa Fe, pour profiter des avantages de séjourner sur le site.

5. Achetez un pass annuel – Si votre visite dure au moins trois jours, un pass annuel pourrait être moins cher qu'un ticket 4 jours, et vous aurez accès à des réductions supplémentaires sur les restaurants et les souvenirs.

6. Utilisez les offres spéciales – Il y a toujours des offres spéciales en cours, que ce soit pour des places gratuites pour les enfants ou une journée ou des journées ou nuits gratuites. S'il n'y a aucune offre en cours, ne réservez pas et patientez.

7. Les tickets – Si vous n'avez réservé un hôtel avec des billets de parc compris, précommandez vos tickets. Les acheter au guichet le jour-même coûte cher et prend beaucoup de temps.

8. Mangez au Disney Village – Le *McDonald's* du *Disney Village* vend des plats de restauration rapide à des prix bien moins élevés que ceux de la nourriture vendue dans les parcs. Ou essayez *Earl of Sandwich* situé juste à côté, dont les prix sont abordables. *Vapiano* propose également de bons plats italiens à des prix abordables.

9. Coupons repas – Si vous mangez tous les jours aux restaurants, alors précommander des coupons repas pourra vous faire gagner de l'argent. Vous pouvez les ajouter à votre panier au moment où vous réservez, ou à n'importe quel moment avant votre voyage si vous séjournez dans un hôtel Disney. Il vous faudra acheter vos coupons pour tout votre séjour.

10. Paniers repas – Faites

vos propres paniers repas. Il y a un hypermarché Auchan dans le Val d'Europe situé à proximité. Vous pouvez aussi apporter de chez vous vos propres repas et encas.

11. Prenez vos propres photos – Si vous ne voulez pas payer 15 € pour une photo avec un personnage, prenez-la vous-même : les *Cast Members* (le personnel) n'y verront pas d'inconvénient. Ils prendront même une photo pour vous si vous le leur demandez. Si vous voulez des photos officielles, reportez-vous à notre rubrique sur les services *Photopass* et *Photopass+* de Disneyland Paris pour des photos en illimité pour un prix unique, au lieu de payer 15 € pour chacune d'elles.

12. Emportez vos propres accessoires – Achetez des robes, costumes et jouets en dehors de Disneyland Paris, que ce soit dans les Disney Stores, en ligne ou dans des supermarchés, avant de vous rendre à Disneyland Paris. Offrez leur costume à vos enfants lorsque vous arrivez afin d'éviter le prix excessif des accessoires dans le parc.

13. Des repas plus abordables – Bien que le prix des repas y soit élevé, certains restaurants proposent de meilleures offres que d'autres. Essayez les menus avec un plat principal, un dessert et une boisson pour un prix unique. Ou optez pour un buffet si vous voulez déjeuner tard et éviter le gouter.

Fêter un anniversaire

Il y a plusieurs façons de fêter un anniversaire à Disneyland Paris. Par exemple, dans les restaurants avec service à table, vous pouvez ajouter un gâteau d'anniversaire à votre repas pour 35 €.

Nous vous recommandons de faire une pré-commande en appelant le service de réservation des restaurants – vous pouvez faire cela jusqu'à 2 mois avant le grand jour.

De plus, les visiteurs pourront se rendre à *City Hall* et aux *Studio Services* pour qu'on leur donne un badge « Joyeux anniversaire » à porter tout au long de la journée.

Pour divertir les plus jeunes, n'oubliez pas de demander aux *Cast Members* (le personnel) de *City Hall* si l'un des personnages a un message d'anniversaire particulier pour votre enfant.

Vous irez dans une pièce où un téléphone sonnera, et il aura au bout du fil quelqu'un d'exceptionnel pour lui souhaiter un joyeux anniversaire. Vous pourrez ainsi créer des souvenirs exceptionnels.

S'y Rendre

Aller à Disneyland Paris est facile grâce à son emplacement central. Vous pourrez choisir d'y aller en voiture, en avion ou en train.

En Avion

Aller en avion à Paris est pratique pour beaucoup de visiteurs, la capitale française étant à moins de deux heures de la majeure partie de l'Europe, et à l'époque des compagnies à bas prix, prendre l'avion ne nécessite pas forcément de casser sa tirelire. Paris comporte trois aéroports où arriver :

L'aéroport Charles-de-Gaulle – C'est l'aéroport principal de Paris.

• *En TGV* : Depuis l'aéroport, prenez un TGV direct qui prendra entre 9 et 12 minutes pour aller du Terminal 2 à la gare de *Marne-la-Vallée – Chessy (Disneyland)*. Vous pouvez précommander en ligne sur www.voyages-sncf.com. Les tickets coûtent entre 19 et 35 € par personne pour chaque voyage. Le premier train part à environ 7h00, et il n'y a aucun TGV direct après 21h16 (vérifiez les horaires en ligne en faisant une réservation test). Nous vous recommandons d'acheter des tickets à l'aéroport au lieu de réserver une place dans à un horaire spécifique.

• *En RER* : Depuis l'aéroport, prenez le RER B jusqu'à la station *Châtelet – Les Halles*, puis descendez pour prendre le RER A jusqu'à *Marne-la-Vallée – Chessy*. Cela coûte 17,30 € pour les adultes, avec un temps de trajet d'environ 1h30. Les enfants de moins de 10 ans payent 10,65 €, et les enfants de moins de 4 ans voyagent gratuitement.

• *En bus* : Le bus *Magical Shuttle* va de l'aéroport à Disneyland Paris, et passe également par de nombreux hôtels de Val d'Europe. Il existe 22 trajets quotidiens dans un sens et dans l'autre. Le prix est de 23 € pour les adultes et de 10 € pour les enfants de 3 à 11 ans. Le voyage prend environ 1 heure et 35 minutes. Réservez sur www.magicalshuttle.fr

• *En taxi* : Un taxi coûte 90 à 100 € pour chaque trajet. C'est une option abordable et pratique pour les groupes.

Aéroport d'Orly – C'est le deuxième aéroport le plus grand de Paris. Il est bien desservi par les transports en commun.

• *En bus* : Le bus *Magical Shuttle* coûte 23 € par trajet pour les adultes, et 10 € pour les enfants. La liaison en bus prend environ 1h35. Réservez sur magicalshuttle.fr

• *En RER* : Prenez le train Orlyval (de 6h à 23h) jusqu'à la station *Antony Orlyval*. D'*Antony Orlyval*, prenez le RER B jusqu'à la station *Châtelet – Les Halles*. Là, prenez le RER A jusqu'à la station *Marne-la-Vallée – Chessy (Disneyland)*. Le temps total de trajet est d'1h35. Prix : 19,35 € pour les adultes et 14,25 € pour les enfants.

• *En taxi/van privé* : Les prix peuvent aller de 80 à 135 € pour des groupes de 3 à 8 personnes. C'est l'option la plus confortable et la moins chère pour les groupes.

Aéroport Beauvais-Tillé – Malgré ses prétentions marketing, cet aéroport n'est pas situé à Paris, et le temps de liaison est long.

• *En transports en commun* : Prenez une navette de l'aéroport jusqu'à la station *Porte Maillot*. Cela coûte 16 € pour le trajet, ou 29 € pour un aller-retour pour un adulte (pour les enfants de 4 à 11 ans, le prix est de 10 à 20 €). Ce trajet en navette prend environ 1h15. À la *Porte Maillot*, suivez les panneaux pour entrer dans le métro et prenez la Ligne 1 (jaune) jusqu'à *La Défense* (10 minutes). À *La Défense*, prenez le RER A (rouge) jusqu'à la station *Marne-la-Vallée – Chessy* (entre 50 et 60 minutes – 7,60 € pour les adultes, 3,80 € pour les enfants). Le temps de trajet total est d'environ 2h30, en plus du temps pour effectuer les changements, et le coût total est d'environ 25 € par personne.

• *En navette* : SuperShuttle.fr propose des navettes partagées depuis l'aéroport jusqu'à Disneyland Paris pour 65 € par personne, ou 185 € pour une navette sans arrêt pouvant accueillir jusqu'à 8 passagers. Le temps de trajet est d'environ 1h30.

• *En taxi* : Le coût du taxi est d'environ 180 à 200 € pour chaque trajet. Vous pourrez aussi louer une voiture. Le trajet fait 126 km.

En Train

Arrivé en TGV :
Si vous arrivez à la gare de *Marne La Vallée,* vous serez a deux pas des parcs et les hôtels - vous n'avez plus rien à faire que suivre les flèches et profiter de la magie.

RER (via Paris) :
Disneyland Paris est à environ 32 km du centre de Paris, le centre-ville étant relié aux parcs à thème par le biais d'un service de train RER rapide et fréquent.

Par conséquent, vous pourrez emprunter facilement un train jusqu'à Paris, pour ensuite prendre un RER jusqu'à Disneyland Paris.

Cela permet plus de souplesse car la fréquence journalière des trains vers Paris est plus élevée que vers *Marne-la-Vallée*.

Les tickets pour le RER du centre de Paris *à Marne-la-Vallée (Disneyland Paris)* coûtent 7,60 € pour les adultes et 3,80 € pour les enfants de moins de 10 ans (tarifs été 2020).

Depuis la Gare du Nord :
Prenez le RER B vers *Robinson, Antony* ou *Saint Rémy-lès-Chevreuse* pour vous arrêter une station plus loin, à *Châtelet – Les Halles*. Ici, vous pourrez effectuer un changement vers le RER A en passant de l'autre côté du quai et prendre le train vers *Marne-la-Vallée – Chessy*.

Utilisez les informations affichées sur les écrans pour vérifier que le train aille bien à la station *Marne-la-Vallée – Chessy* (votre destination). *Marne-la-Vallée – Chessy (Disneyland)* est le dernier arrêt de la ligne du RER A. Le trajet prend environ 40 minutes.

Depuis la Gare Saint-Lazare:
Prenez le RER E vers *Tournan*. Descendez à la gare *Val de Fontenay*. Ici changez de train pour un train du RER A avec la destination de *Marne-la-Vallée – Chessy*. Le trajet prendra environ 1 heure 15 minutes.

Depuis la Gare de L'Est :
Prenez le RER E vers *Tournan*. Descendez à la gare *Val de Fontenay*. Ici changez de train pour un du RER A avec la destination de *Marne-la-Vallée – Chessy*. Le trajet prendra environ 1 heure 15 minutes.

Depuis la Gare Montparnasse :
Prenez la ligne 4 du métro en direction *Porte de Clignancourt*. Après sept arrêts, descendez à *Châtelet*. Ici changez pour un train du RER A avec la destination de *Marne-la-Vallée – Chessy*. Le trajet prendra environ 1 heure 15 minutes.

Depuis la Gare d'Austerlitz ou Gare de Bercy:
Il vous faudra marcher 10 minutes dans les rues de Paris, jusqu'à la *Gare de Lyon*. Ici prenez le RER A avec la destination de *Marne-la-Vallée – Chessy*. Le trajet prendra environ 1 heure.

Depuis la Gare de Lyon :
C'est facile - prenez le RER A avec la destination de *Marne-la-Vallée – Chessy*. Le trajet prendra environ 40 minutes.

En Voiture

Vous pouvez rejoindre Disneyland Paris par l'autoroute A4 (sortie 14) ou par la "Francilienne".

Rue : Boulevard du Parc
Ville : Serris/Coupvray
Code postal : 77700
Pays : France

Prendre l'autoroute direction Paris depuis le sud, ou direction Metz/Nancy depuis le nord, puis suivre les indications "Disneyland Paris ".

Disneyland Paris dispose d'un énorme parking pour les deux parcs. Le prix du parking pour une journée est de 30 € pour les voitures, 25 € pour des motos et 45 € pour des camping-cars. Il y a aussi des emplacements plus proches des parcs qui sont facturés à 45 € la journée.

Vous bénéficierez d'un parking gratuit à votre hôtel et à l'entrée des Parcs Disneyland si vous séjournez dans un des hôtels Disney ou au *Algonquin's Explorers Hotel*.

Pour ceux restant dans les autres hôtels partenaires le coût est de 25 € per jour (si vous réservez votre séjour par Disneyland Paris comme intermédiaire, les frais de parking sont offerts).

Le parking ouvre à 7h 30 et ferme après la fermeture des deux parcs à thème.

Les hôtels

Disneyland Paris possède sept complexes hôteliers sur le site, dont le thème, pour chacun, correspond à une partie de l'Amérique – l'un d'eux consiste même en un campement où l'on peut séjourner dans des cabanes en bois. Lorsqu'on réserve un hôtel directement auprès de Disneyland, le prix de l'hôtel inclue des tickets d'entrée pour les parcs.

Les avantages d'un séjour dans un hôtel Disneyland Paris:
- Un guichet où l'on peut vous aider 24h/24
- Des *Cast Members* (membres du personnel) sympathiques qui connaissent le complexe parfaitement
- La possibilité de faire des réservations en personne pour un restaurant sans devoir quitter son hôtel
- La possibilité de prépayer tous ses repas
- Un thème approfondi et une immersion totale
- Des Moments de Magie en Plus (MMP). Les MMP permettent aux visiteurs séjournant dans les hôtels d'entrer dans certaines parties des deux parcs une heure avant les autres visiteurs. Lors des MMP, les temps d'attente sont très brefs, ou inexistants.
- Temps de parcours à pied jusqu'aux parcs à thème : 20 minutes ou moins.
- Service de navette gratuite à partir de tous les hôtels jusqu'aux parcs à thème (sauf *Disney's Davy Crockett Ranch*)
- La possibilité de rencontrer des personnages Disney dans votre hôtel tout au long de votre séjour.
- Le *Shopping Service* : Si vous achetez des souvenirs dans les parcs avant 15h, vous pourrez les faire livrer dans votre hôtel et les récupérer le soir, vous laissant les mains libres.
- Les tickets d'entrée du parc sont compris dans toutes les réservations, sauf mention contraire.

Si votre billet de train est inclus dans votre réservations de séjour, vous aurez alors accès au service Disney Express. Ce dernier vous permettra de déposer vos bagages à votre arrivé en gare.

Ce service est disponible uniquement en gare de *Marne-la-Vallée – Chessy*. À la gare, suivez les panneaux pour arriver au guichet *Disney Express* à l'étage supérieur (ouvert tous les jours de 8h à 21h30). Vous pourrez y effectuer l'enregistrement pour votre hôtel, réceptionner entre autres vos tickets pour le parc et vos coupons repas (si vous les avez commandés). Laissez vos bagages auprès des *Cast Members* (personnel) présents à ce guichet et ils seront emmenés pour vous dans l'espace bagages de votre hôtel. Ensuite, partez à la découverte des parcs !

Si vous avez réservé votre train séparément de votre ticket d'entrée, ce service vous coûtera 15 € par personne pour chaque trajet.

Tarifs:

Lorsque vous réservez votre hôtel, votre date d'arrivée déterminera le prix de tout votre séjour (par exemple, si vous arrivez à une date située en basse saison et que les autres jours de votre séjour se situent en saison intermédiaire, tout votre séjour sera facturé au tarif de la basse saison).

Néanmoins, cela pourrait aussi jouer en votre défaveur si votre date d'arrivée se situe en haute saison et que les nuitées qui suivent se situent en saison intermédiaire. Dans ce cas, vous payerez le tarif de la haute saison pour toute la durée de votre séjour.

Il y a deux solutions : soit vous changez de date, soit vous faites une réservation séparée pour la nuitée la plus chère (ou plusieurs nuitées plus chères), puis vous faites une autre réservation pour les autres nuits qui seront moins chères. Il se pourrait que vous ayez à quitter votre chambre et à vous enregistrer de nouveau auprès de l'hôtel si vous faites cela. Si vous réservez deux séjours l'un après l'autre, demandez à un *Cast Member* (membre du personnel) de vous enregistrer afin que vous puissiez garder la même chambre.

Pour visualiser la période pendant laquelle vous arrivez, téléchargez la brochure et la grille tarifaire sur disneylandparis.fr. Un agent de réservation pourra vous conseiller sur ce qu'il y a de mieux à faire dans votre cas si vous réservez au téléphone.

Plus d'infos

Les tarifs des chambres présentées dans cette rubrique se basent sur des arrivées jusqu'au 31 mars 2021. Les prix indiqués sont à la nuitée et comprennent des tickets de parc pour tous les jours de votre séjour, y compris ceux où vous arrivez à l'hôtel et où vous le quittez.

Les prix sont donnés pour une personne, sur la base d'une chambre standard partagée pour deux adultes. Pour deux adultes, il faudra donc doubler le prix de la nuitée indiquée. Un adulte seul dans une chambre devra payer un supplément pour chaque nuit – les adultes qui s'ajoutent au second payent une majoration pour chaque nuit.

Les enfants de moins de 3 ans séjournent gratuitement. De 3 à 11 ans. Ils bénéficient d'un tarif préférentiel. Vous trouverez également régulièrement des offres de gratuité.

Après la troisième nuitée, le coût des suivants est 45 à 85 % moins cher, la plupart des visiteurs ne souhaitant pas rester plus de quatre jours sur le site. Cela rend les longs séjours dans les hôtels Disney bien plus abordables.

Les hôtels

La Magic Card:
La *Magic Card* est une exclusivité des sept hôtels gérés par Disneyland Paris. Elle est donnée aux visiteurs pendant l'enregistrement.

Elle vous permet d'entrer dans les parcs à thème pendant Les Moments de Magie en Plus, d'accéder aux piscines de votre hôtel, de vous garer gratuitement sur les parkings de votre hôtel et des parcs à thème, en plus de vous servir de clé pour votre chambre et de coupons repas.

Lors de votre enregistrement, vous pourrez relier une carte de crédit ou de débit à votre *Magic Card*, ce qui vous permettra de payer vos repas ou des souvenirs presque partout sur le site. Vous pourrez ensuite régler la note lorsque vous quitterez l'hôtel et payerez la somme globale.

Cela peut être une bonne option pour les visiteurs qui ne sont pas issus de pays qui utilisent l'Euro et dont les banques appliquent des frais de paiement en devises étrangères pour chaque transaction. Veillez bien à surveiller vos dépenses pour ne pas dépasser votre budget.

Note : Certains petits stands (comme ceux où l'on vend des boissons ou du pop-corn) n'acceptent pas la *Magic Card* ou les cartes de crédit/débit et acceptent seulement les espèces. Disney ne gère pas les restaurants du Disney Village, il est donc peu probable qu'ils acceptent la *Magic Card* – mais n'hésitez pas à leur poser la question.

Comment réserver votre séjour :
Nous vous recommandons de réserver votre hôtel ou séjour tout compris Disneyland Paris sur le site officiel, www.disneylandparis.fr.

Le site vous propose plusieurs types de chambre, mais pour les suites, vous devrez réserver au téléphone. Que ce soit pour les réservations Disneyland Paris sur le site ou par téléphone (+33 [0]1 60 30 60 90), des frais de réservation de 29 € sont facturés. Disneyland Paris propose régulièrement des promotions qui permettent d'économiser 10 à 50 % par rapport au prix de base, ou des offres grâce auxquelles vous aurez droit à des nuitées gratuites lors de votre réservation. S'il n'y a pas d'offre en cours lorsque vous souhaitez réserver, nous vous recommandons de patienter, des offres étant disponibles toute l'année.

Les promotions peuvent varier selon les saisons et les pays. Cela pourra aller d'une offre proposant l'hôtel, les tickets pour le parc et les transports gratuits pour les enfants de moins de 12 ans à des offres de repas gratuits en demi-pension, ou même des réductions de 40 à 50 % sur votre séjour. La durée minimum du séjour pour profiter des promotions est souvent de deux ou trois nuitées, et il y a souvent des restrictions sur les dates.

Conseils de réservation

Astuce n°1 : La réservation téléphonique vous permet de payer en plusieurs fois au lieu de verser la somme en une fois, et ce sans intérêts. Cela vous permet de modifier votre réservation jusqu'à ce que vous ayez payé le montant total. Si une offre plus avantageuse est disponible après que vous ayez réservé, vous pourrez changer votre réservation jusqu'à ce que le montant final soit payé, comme par exemple surclasser votre réservation d'hôtel ou ajouter des coupons repas.

Astuce n°2 : Disneyland Paris propose simultanément des promotions variées dans différents endroits d'Europe. La bonne nouvelle, c'est que vous pouvez réserver n'importe quelle promotion depuis n'importe quel pays. Allez sur www.disneylandparis.com – en haut de la page, sélectionnez un autre pays, puis essayez d'y faire votre réservation. Vous payerez dans la monnaie du pays correspondant. La langue du site pourra également changer. Vous pouvez aussi faire cela en appelant directement Disneyland Paris et en leur mentionnant l'offre dont vous souhaitez profiter.

Voici un exemple des différentes promotions disponibles au moment où nous écrivons ce guide. Le site anglais de Disneyland Paris propose une réduction de 30 % sur les séjours, et le site espagnol propose 25 % de réduction sur les séjours, une carte cadeau de 200 € et l'entrée gratuite pour les enfants de moins de 7 ans. Ce sont clairement des offres qui varient largement et proposent de faire des économies de manières variées selon vos besoins.

Disneyland Hotel

Cet hôtel 5 étoiles victorien de 565 chambres et 27 suites constitue le sommet du luxe de Disneyland Paris. Il est situé à l'entrée du Parc Disneyland et à seulement 3 minutes du Parc Walt Disney Studios.

Le *Disneyland Hotel* est le choix le plus luxueux si vous souhaitez séjourner sur le site de Disneyland Paris.

L'hôtel surplombe à l'entrée du Parc Disneyland, les tourniquets du parc étant situés juste en dessous. Certaines des chambres ont vue sur le Parc Disneyland ou sur la zone *Fantasia Gardens* devant l'hôtel.

L'hôtel propose diverses options pour se restaurer; un restaurant comportant un buffet *(Inventions)*, un restaurant haut de gamme *(California Grill)* et un bar *(Café Fantasia)*.

Du *California Grill*, vous pourrez admirer les feux d'artifice depuis le balcon si vous dînez au moment opportun.

Le *Celestia Spa* est ouvert de 14 à 21h tous les jours. Les tarifs pour les soins du visage ou du corps démarrent à 55 €. Vous pourrez vous offrir un massage à partir de 60 € pour 20 minutes. On y propose même des initiations au spa pour les enfants pour 60 €. La réservation est recommandée et peut être réalisée en personne ou en appelant le 6605 depuis les téléphones des chambres d'hôtel ou le +33 1 60 45 66 05.

Les visiteurs qui séjournent au *Castle Club* ou dans les suites du *Disneyland Hotel* obtiendront un *Fastpass VIP* par personne, valable pour toute la durée de leur séjour. Cela leur permettra d'entrer de manière illimitée dans toutes les attractions *Fastpass* des deux parcs.

Les chambres du *Castle Club* sont situées au niveau club et proposent différents avantages. Les visiteurs qui y séjournent auront accès à un bar dans une zone privée où ils pourront profiter de boissons non alcoolisées et le goûter offertes toute la journée et d'une vue idéale sur les feux d'artifice à travers les fenêtres, en plus de la bande sonore qui y est jouée le soir.

Des personnages sont également présents au *Castle Club* le matin, et parfois même le soir. Il y a aussi un ascenseur privé depuis le *Castle Club* qui mène directement aux tourniquets sans devoir traverser tout l'hôtel. Il s'agit d'une expérience haut de gamme réellement unique.

Une activité « Princesse ou Pirate d'un Jour » est disponible pour tous les visiteurs, y compris ceux qui ne séjournent pas à l'hôtel. Votre petite fille ou petit garçon sera transformé en pirate ou en princesse avec un costume, des accessoires et plus encore. La prestation démarre à 120 €.

La garde d'enfant Club Minnie est ouverte de 14h à 21h, avec des activités pour les enfants. L'arcade est ouverte de 8h à 1h du matin.

Taille des chambres : 34 m^2 pour les chambres standards (jusqu'à 4 personnes, plus un enfant de moins de 3 ans dans un lit bébé), et 58 m^2 pour les suites du Castle Club (les autres suites peuvent aller jusqu'à 187 m^2 – dont la suite Belle au Bois Dormant, la suite Cendrillon, la suite Fée Clochette and la suite Walt's Apartment). Des chambres familiales (jusqu'à 5 personnes, dont une sur un canapé-convertible) et des chambres au *Castle Club* (jusqu'à 4 personnes – réservations uniquement par téléphone) sont également disponibles.

Petit-déjeuner : Non inclus. 36 € par jour pour les adultes et 27 € pour les enfants. Compris dans les chambres *Castle Club*.

Prix des chambres : 1 nuitée coûte entre 447 et 734 €, 2 nuitées coûtent entre 769 et 1 343 €, 3 nuitées coûtent entre 1 087 et 1 948 €. Les chambres du Castle Club impliquent des frais supplémentaires de 235 à 265 € par personne et par nuitée.

Activités : Une piscine intérieure, un sauna, un hammam et une salle de sport sont gratuits pour les visiteurs. Un spa est également disponible avec un service de massage moyennant des frais additionnels. Une Salle de jeux « Club Minnie », un coin pour les enfants et une salle de jeux vidéo sont aussi disponibles. Vous pouvez faire appel au pressing moyennant des frais supplémentaires.

Extras : Un réseau wifi gratuit est disponible dans tout l'hôtel, y compris les chambres.

Restauration

Inventions – Buffet. Déjeunez avec les personnages Disney entre 12h30 et 15h (adultes : 70 €, boissons non incluses ; enfants : 40 € avec une boisson incluse). Dînez avec les personnages Disney entre 18h et 22h30 tous les jours (adultes : 70 €, boissons non incluses ; enfants : 40 € avec une boisson incluse). De plus, un brunch à thème est servi en compagnie des personnages Disney tous les dimanches entre 13 et 15h (adultes : 99 €, enfants : 45 €). La formule repas Premium et la formule repas de l'hôtel comprennent des offres sélectionnées dans ce restaurant.

California Grill – Service à table. Les entrées coûtent entre 20 et 35 €. Les plats principaux coûtent entre 42 et 66 €. Les desserts coûtent entre 20 et 28 €. Les menus coûtent entre 70 et 130 € pour les adultes et 38 € pour les enfants. Disney indique : « Une tenue chic et décontractée convient à ce lieu. Les épaules doivent être couvertes pour les hommes. Les bermudas, shorts et tongs ne sont pas admis. » Uniquement ouvert à l'heure du dîner. La formule repas Premium comprend certaines des offres de ce restaurant.

Café Fantasia – Bar de l'hôtel, sert des boissons et des snacks. Les cocktails coûtent entre 16 et 19 €, le champagne (75 ml) y est vendu au prix de 65 à 310 €, et les vins (75 ml) de 37 à 200 €. Les boissons non alcoolisées coûtent entre 5,50 et 8 € et les boissons chaudes entre 5,60 et 7 €.

Les hôtels

Disney's Hotel New York - The Art of Marvel

Cet hôtel 4 étoiles sur le thème de New York comprend 565 chambres et 27 suites, et est situé à seulement 10 minutes de marche des parcs. Une navette est également mise à disposition.

Décoré comme un ensemble résidentiel de la Grosse Pomme, c'est le deuxième hôtel le plus proche des parcs. Il est situé près de l'entrée du Disney Village et du Lac Disney.

Note : Cet hôtel est actuellement fermé et réouvrira plus tard en 2020 (ou en début 2021 à cause du COVID019). Les rénovations y introduiront un thème Marvel, avec de nombreux objets d'art dans tout l'hôtel.

Taille des chambres : 31 m² pour les chambres standards (pour 4 personnes). L'étage de l'*Empire State Club* comprend des chambres Club et des suites Club (qui vont de 56 m² à 166 m²).

Petit-déjeuner : Non inclus. 28 € par jour pour les adultes et 23 € pour les enfants. Compris dans les chambres *Empire State Club*.

Prix des chambres : 1 nuitée coûte entre 321 et 526 €, 2 nuitées entre 517 et 927 €, 3 nuitées entre 709 et 1 324 €. Pour les chambres de l'*Empire State Club*, ajoutez 100 € par personne et par nuitée.

Activités : Piscine intérieure et extérieure chauffée, saunas et hammams, courts de tennis et salle de sport en accès libre. Des massages sont disponibles moyennant des frais supplémentaires. Il y a un coiffeur présent sur le site. Une zone de jeux pour enfants et une salle de jeux vidéo sont mises à disposition.

Extras : Un accès wifi gratuit est disponible dans tout l'hôtel, y compris les chambres. Il y a également un service de pressing.

Les visiteurs qui séjournent dans les suites ont accès à un *Fastpass VIP* par personne, valable pour la durée de leur séjour, qui leur offre un accès illimité à toutes les attractions *Fastpass*. Les visiteurs qui séjournent dans les chambres de l'*Empire State Club* reçoivent un *Fastpass* par jour, qui leur permet de se rendre immédiatement dans la file d'attente *Fastpass* pour une attraction.

Restauration

L'hôtel nouvellement rénové proposera les quatre espaces de restauration suivants.

Manhattan Restaurant – Propose un menu italien sous le « Chandelier d'Asgard ».
Downtown Restaurant – Sert une cuisine chinoise, américaine et italienne.
Skyline Bar – Profitez de vues comme au sommet d'un gratte-ciel, pendant qu'Iron Man passe parmi vous.
Bleecker St. Lounge – Un lieu branché dans le style loft.

Disney's Newport Bay Club

Cet hôtel 4 étoiles dans le style de la Nouvelle-Angleterre comporte 1 093 chambres et 13 suites. Il est situé à 15 minutes de marche des parcs, et une navette gratuite est également proposée.

Cet hôtel inspiré par les cités balnéaires de la côte Est accueille deux restaurants et marque l'une des extrémités du Lac Disney. C'est le quatrième hôtel le plus proche des parcs et il a été récemment rénové.

Taille des chambres : Les chambres standard font 27 m² ; sont également disponibles des chambres familiales pour accueillir jusqu'à 6 visiteurs. Les suites comprennent l'*Admiral's Floor* de 27 m², les *Suites Honeymoon* qui font entre 50 m² et 63 m², la *Suite Resort* de 55 m² et la Suite présidentielle de 84 m².

Petit-déjeuner : Non inclus. 28 € par jour pour les adultes et 23 € pour les enfants. Compris dans les chambres *Compass Club*.

Prix des chambres : 1 nuitée coûte entre 287 et 448 €, 2 nuitées entre 449 et 771 €, 3 nuitées entre 607 et 1 090 €. Pour les chambres du *Compass Club*, comptez 88 € en plus par personne et par nuitée.

Activités : Piscines intérieure et extérieure avec transats, sauna, hammam, et salle de sport. Il y a une zone de jeux pour les enfants.

Extras : Accès wifi gratuit dans tout l'hôtel et dans les chambres. L'hôtel abrite un centre de conférence. Un service de pressing est disponible moyennant des frais additionnels.

Les visiteurs qui séjournent dans l'une des suites (sauf au *Compass Club*) obtiennent un *Fastpass VIP* par personne pour la durée de leur séjour. Cela leur permet de se rendre de manière illimitée dans toutes les attractions *Fastpass*.

Les visiteurs séjournant au *Compass Club* reçoivent un *Fastpass Hôtel* par jour, leur permettant de se rendre dans la file d'attente *Fastpass* d'une attraction une seule fois par jour.

Restauration

Yacht Club – Service à table. Les plats principaux coûtent entre 31 et 56 €. Les menus peuvent aller de 48 à 57 € pour les adultes et de 26 à 36 € pour les enfants. Certains repas sont compris dans les Formules repas Premium et Plus.
Cape Cod – Buffet. 38 € pour les adultes sans boisson, 26 € pour les enfants avec une boisson. Certains repas de ce restaurant font partie des Formules repas Premium & Plus.
Captain's Quarters – Bar de l'hôtel, sert des boissons et des snacks.

Disney's Sequoia Lodge

Reconstituant l'ambiance des parcs nationaux américains, les 1 011 chambres et 14 suites du Sequoia Lodge (hôtel 3 étoiles) sont à 15 minutes de marche des parcs. Une navette est également mise à disposition.

Disney's Sequoia Lodge est notre hôtel préféré sur le site pour ce qui est du rapport qualité-prix proposé.

Selon nous, le thème de cet hôtel est l'un des mieux réussi du complexe. Il n'y a rien de mieux que de se blottir l'hiver au coin de l'immense cheminée du *Redwood Bar and Lounge*.

Taille des chambres : 22 m² pour une chambre standard. Sont également disponibles les chambres *Golden Forest Club* (avec un lounge privé où l'on trouve des snacks) ainsi que les *Suites Honeymoon* et *Hospitality* (55 m²).

Petit-déjeuner : Non inclus. 24 € par jour pour les adultes et 17 € pour les enfants. Compris dans les chambres *Golden Forest Club*.

Prix des chambres : 1 nuitée coûte entre 255 et 396 €, 2 nuitées entre 385 et 667 €, 3 nuitées entre 511 et 934 €.

Les chambres du *Golden Forest Club* coûtent 80 € supplémentaires par personne et par nuitée.

Activités : Piscine intérieure et extérieure, Salle de sport, Sauna, Hammam. Salle de jeux pour les enfants à disposition.

Extras : Accès Wi-Fi gratuit disponible dans tout l'hôtel, y compris dans les chambres.
Les visiteurs qui séjournent dans l'une des suites obtiennent un *Fastpass VIP* par personne pour toute la durée de leur séjour. Cela leur permet de se rendre de manière illimitée dans toutes les attractions *Fastpass*.

Les visiteurs séjournant dans les chambres du Golden Forest Club reçoivent un *Fastpass Hôtel* par jour, leur permettant de se rendre dans la file d'attente *Fastpass* d'une attraction par jour.

Restauration
Hunter's Grill et Beaver Creek Tavern – Menu buffet au prix de 37 € sans les boissons pour les adultes, et 25 € avec une boisson pour les enfants.
Redwood Bar and Lounge – Bar et lounge de l'hôtel.

Disney's Hotel Cheyenne

Avec un thème orienté vers le Far West américain, avec des détails des films Toy Story, cet hôtel de 1 000 chambres est situé à 20 minutes à pied des parcs. Une navette est également mise à disposition.

Le *Hotel Cheyenne* (3 étoiles) fournit un excellent rapport qualité-prix.

Les chambres et les services proposés sont plus simples que dans les autres hôtels, mais vous avez tout de même accès aux Moments de Magie en Plus, et vous pouvez vous rendre à pied aux parcs (ou emprunter la navette gratuite).

Selon nous, il s'agit de l'un des meilleurs thèmes parmi tous les hôtels, avec des bâtiments qui semblent être tout droit sortis du Far West.

Taille des chambres : Les chambres standard mesurent 21 m².

Petit-déjeuner : Non inclus. 21 € par jour pour les adultes et 14 € pour les enfants.

Prix des chambres : 1 nuitée coûte entre 242 et 368 €, 2 nuitées entre 359 et 611 €, 3 nuitées entre 472 et 850 €.

Activités : Salle de jeux vidéos, zones de jeux intérieure et extérieure pour les enfants, balades en cheval selon la saison moyennant des frais additionnels. Il n'y a pas de piscine dans cet hôtel.

Extras : Un accès wifi gratuit est disponible au bar, à la réception et dans les chambres.

Restauration
Chuck Wagon Café – Buffet. Un petit-déjeuner continental (entre 7 et 11h) est disponible. Le dîner (entre 18h et 22h30) – 32 € pour les adultes avec une boisson, et 18 € pour les enfants, avec une boisson. Le buffet pour les adultes et le buffet pour les enfants sont inclus dans la Formule repas de l'hôtel et la Formule repas Standard.
Red Garter Saloon – Bar de l'hôtel, on y sert des snacks et des boissons.
Starbucks – Snacks, boissons - 4 à 6 €, sandwichs - 5 €, offre de petit-déjeuner - 9 €.

Les hôtels

Disney's Hotel Santa Fe

Avec un thème inspiré de Santa Fe, en Amérique du Sud, et avec des allusions aux films Cars de Pixar, cet hôtel de 1 000 chambrées est situé à 20 minutes de marche des parcs. Une navette est également mise à disposition.

Le *Disney's Hotel Santa Fe* est l'hôtel économique (2 étoiles) de Disneyland Paris.

Les chambres et les services proposés sont plus simples que dans les autres hôtels, mais vous avez tout de même accès aux Moments de Magie en Plus, et vous pouvez vous rendre à pied aux parcs (ou emprunter la navette gratuite).

Pour ce qui est du thème, c'est l'hôtel que nous apprécions le moins – les bâtiments ressemblent réellement à certains quartiers de Santa Fe, mais ce n'est pas un thème particulièrement enchanteur. L'hôtel est souvent légèrement moins cher que l'*Hotel Cheyenne*.

Cet hôtel est également un peu plus loin des parcs par rapport au *Disney's Hotel Cheyenne*. Néanmoins, il offre la possibilité de séjourner sur le site, dans un hôtel Disney, à un prix plus abordable.

Taille des chambres : Les chambres standards font 21 m² (jusqu'à 4 personnes, plus 1 enfant de moins de 3 ans dans un lit bébé). Sont également disponibles des chambres familiales pouvant accueillir jusqu'à 6 personnes.

Petit-déjeuner : Non inclus. 21 € par jour pour les adultes et 14 € pour les enfants.

Prix des chambres : 1 nuitée coûte entre 235 et 336 €, 2 nuitées entre 345 et 547 €, 3 nuitées entre 451 et 754 €.

Activités : Une salle de jeux vidéo est disponible. Il n'y a pas de piscine dans cet hôtel.

Extras : Accès wifi gratuit disponible dans tout l'hôtel, y compris dans les chambres.

Restauration
La Cantina – Buffet de 18 à 22h30. Un petit-déjeuner continental est disponible. Le soir : 32 € avec une boisson, et 18 € pour les enfants. Le buffet pour les adultes et le buffet pour les enfants sont inclus dans la Formule repas Standard.
Rio Grande Bar – Bar de l'hôtel.
Starbucks – Snacks, boisson - 4 à 6 €, sandwichs - 5 €, offre pour le petit-déjeuner - 9 €.

Disney's Davy Crockett Ranch

Contrairement aux autres offres de séjour Disney, le Davy Crockett Ranch n'est pas un hôtel, mais un campement de 595 cabanes (classement : 3 étoiles).

Vous vous sentirez à des millénaires des parcs à thème dans cet environnement marqué par la sérénité. Cette solution d'hébergement est idéale pour les groupes, les chambrées pouvant accueillir jusqu'à 6 personnes.

Le *Davy Crockett Ranch* n'est pas situé à proximité des autres hôtels qui sont sur le site, et il est situé plus loin que les hôtels partenaires. Il est à 8 km (15 minutes) en voiture des parcs – vous devrez emprunter vos propres moyens de locomotion, aucune navette n'étant mise à disposition.

Taille des cabanes : Il y a des cabanes avec 1 chambre (36 m^2) et 2 chambres (39 m^2). Les cabanes peuvent accueillir jusqu'à 6 personnes. Il y a également possibilité de réserver des cabanes premium avec 2 chambres.

Petit-déjeuner : Non inclus - 12 € par personne (tous les âges).

Prix des chambres : 1 nuitée coûte entre 230 et 323 €, 2 nuitées entre 335 et 521 €, 3 nuitées entre 436 et 715 € pour un bungalow standard.

Activités : Il y a une magnifique piscine intérieure chauffée dans cet hôtel, ainsi que des courts de tennis, une salle de jeux vidéo, des balades en poney, des quads, des zones de jeux intérieures et extérieures pour les enfants, une petite ferme et un parcours d'accrobranche *(Davy's Crockett Adventure)*.

Certaines activités sont payantes.

Extras : Un accès wifi gratuit est disponible au restaurant et au bar. Un accès ethernet est disponible dans les chambres moyennant des frais additionnels. Le passage quotidien dans les cabanes par le personnel de ménage vous sera facturé. La boutique de l'Alamo Trading Post vend de la nourriture, des vêtements et des souvenirs.

Restauration

Davy Crockett's Tavern – Buffet. Les repas coûtent 32 € pour les adultes et 18 € pour les enfants.
Crockett's Saloon – Bar de l'hôtel.

Hôtels Partenaires

Les hôtels partenaires sont situés en bordure du complexe principal de Disneyland Paris, mais proposent souvent des tarifs bien plus abordables que ceux des hôtels Disney. Les prix uniques des chambres leur sont imposés par Disneyland Paris et comprennent des tickets pour les parcs à thème. Vous pourrez également réserver dans ces hôtels sans réserver de ticket pour les parcs.

Radisson Blu Hotel

Nombre de chambres : 250 chambres et suites.
Tailles des chambres : Chambres standard (30 m², capacité maximale : 2 adultes et 1 enfant de moins de 3 ans), chambres familiales (30 m², capacité maximale : jusqu'à 4 adultes), Suite Junior (60 m²), Suite Standard (70m²) et Suite présidentielle (90 m²).
Petit-déjeuner : Inclus dans la plupart des offres.
Prix des chambres : Prix unique par personne et par nuitée (avec 2 adultes par chambre) : 279,50 €
Activités : Piscine, salle de sport, spa, zone de jeux extérieure. Situé à proximité du parcours de golf de Disneyland Paris où l'on trouve des parcours de 9 et 18 trous sur lesquels vous pourrez jouer (moyennant des frais additionnels).
Extras : Un accès wifi gratuit est disponible dans tout l'hôtel, y compris dans les chambres. Salles de réunion à disposition.
Restauration : Pamplemousse – Service français à table ; Birdie – Buffet ; et Le Chardon – Bar.

Vienna House Dream Castle Hotel

Nombre de chambres : 397 chambres et suites.
Tailles des chambres : Chambres doubles et familiales (28 m²), chambres doubles queen (44 m²), Suite Raiponce (54 m²), Suite Baron von Münchhausen (60 m²) et Suite Royal (220 m²).
Petit-déjeuner : Inclus dans la plupart des offres.
Prix des chambres : Prix unique par personne et par nuitée (avec 2 adultes par chambre) : 235,50 €
Activités : Piscine, salle de sport, spa, zones de jeux intérieures et extérieures, carrousel et salle de jeux vidéo.
Extras : Un accès wifi gratuit est disponible dans tout l'hôtel, y compris dans les chambres.
Restauration : Les Trois Mousquetaires – Buffet ; et Excalibur – Bar.

Vienna House Magic Circus Hotel

Nombre de chambres : 396 chambres et suites.
Taille des chambres : Chambres doubles et familiales (28 m²), et suites (jusqu'à 60 m²).
Petit-déjeuner : Inclus dans la plupart des offres.
Prix des chambres : Prix unique par personne et par nuitée (avec 2 adultes par chambre) : 232 €
Activités : Piscine et salle de sport.
Extras : Un accès wifi gratuit est disponible dans tout l'hôtel, y compris dans les chambres.
Restauration : L'Étoile – Buffet ; et Bar des Artistes – Bar

Adagio ApartHotel Marne la Valle - Val d'Europe

Nombre de chambres : 290 studios et appartements.
Taille des chambres : Studios (21 m²), appartements avec 1 à 3 chambres (27 à 53 m²)
Petit-déjeuner : Inclus dans la plupart des offres dans la salle du petit-déjeuner.
Prix des chambres : Prix unique par personne et par nuitée (avec 2 adultes par chambre) : 218 €
Activités : Piscine
Extras : Accès wifi gratuit dans tout l'hôtel, y compris dans les chambres. Il n'y a pas de restaurant (sauf pour le buffet du petit-déjeuner). Les chambres comprennent une *kitchenette* pour y préparer vos propres repas.

Alongquin's Explorers Hotel
Nombre de chambres : 390.
Taille des chambres : Les cabines standard font entre 18 m^2 et 22 m^2.
Petit-déjeuner : Inclus dans la plupart des offres.
Prix des chambres : Prix unique par personne et par nuitée (avec 2 adultes par chambre) : 247 €
Activités : Piscine, zones de jeux, salle de jeux vidéo et salle de sport pour les enfants.
Extras : Un accès wifi gratuit est disponible dans tout l'hôtel, y compris dans les chambres. Des suites thématiques sont également disponibles, avec notamment les thèmes Planet Hollywood, Sweet et Jungle.
Restauration : La Plantation – Buffet ; Captain's Library – Service à table ; Marco's Pizza – Service rapide ; et The Traders – Bar

Hotel L'Elysée - Val d'Europe
Nombre de chambres : 152 chambres, dont 4 suites exécutives.
Taille des chambres : Chambres confortables (24 m^2 – limitées à 2 personnes), chambres familiales (24 m^2 – limitées à 4 personnes), chambres familiales XL (jusqu'à 48 m^2 – limitées à 8 personnes) et suites exécutives (38 m^2 - limitées à 4 personnes).
Petit-déjeuner : Compris sans frais supplémentaires.
Prix des chambres : Prix unique par personne et par nuitée (avec 2 adultes par chambre) : 220 €
Activités : Pas de commodités supplémentaires.
Extras : Un accès wifi gratuit est disponible dans tout l'hôtel, y compris les chambres. Des salles de réunion sont disponibles. Un service de lessive est disponible moyennant des frais additionnels. Proche de la station de RER Val d'Europe.
Restauration : Le George – Service à table (uniquement pour le déjeuner) ; et Le Diplomate – Bar.

Campanile Val de France
Nombre de chambres : 300
Taille des chambres : Les chambres standard mesurent 18,5 m^2 pour accueillir jusqu'à 4 personnes.
Petit-déjeuner : Compris dans la plupart des offres.
Prix des chambres : Prix unique par personne et par nuitée (avec 2 adultes par chambre) : 212 €
Activités : Carrousel, salle de jeux vidéo et zone de jeux intérieure pour les enfants.
Extras : Un accès gratuit au wifi est disponible dans tout l'hôtel, y compris les chambres.
Restauration : Le Marché Gourmand – Buffet ; et L'Abreuvoir – Bar

B&B Hotel
Nombre de chambres : 400
Taille des chambres : Les chambres standard mesurent 15 m^2 pour accueillir jusqu'à 5 personnes.
Petit-déjeuner : Compris dans la plupart des offres.
Prix des chambres : Prix unique par personne et par nuitée (avec 2 adultes par chambre) : 209,50 €
Activités : Carrousel et salle de jeux vidéo.
Extras : Un accès gratuit au wifi est disponible dans tout l'hôtel, y compris les chambres.
Restauration : Petit-déjeuner, Bar à snacks et Bar de l'hôtel

Plus d'infos sur les hôtels partenaires
Il n'y a pas de thème Disney dans ces hôtels, mais ils sont bien adaptés aux enfants et le personnel connaît bien les parcs. Tous ces hôtels fournissent des navettes régulières pour s'y rendre, et le trajet le plus long en navette est de seulement 10 minutes. Les temps d'attente pour les bus pourront aller jusqu'à 25 minutes en saison basse ; les bus sont assez fréquents (toutes les 10 à 15 minutes) pendant les périodes de pointe.

La plupart de ces hôtels comportent également des boutiques Disney, où vos achats effectués dans le parc peuvent être livrés. Les hôtels partenaires n'incluent généralement pas la taxe de séjour lorsque vous réservez – vous devrez la payer lors de votre arrivée, et elle est d'environ 1 à 2 € par adulte et par nuitée. Si vous ne souhaitez pas réserver d'offre tout compris, utilisez un site de réservation d'hôtels comme Hotels.com. Pour les offres tout comprises, réservez directement auprès de Disneyland Paris.

Les Tickets

Il existe de nombreux moyens d'acheter des billets d'entrée pour Disneyland Paris. Les prix, les offres spéciales et la durée de validité dépendent de l'endroit où vous achetez vos tickets. Pour vous aider à choisir la meilleure option, voici un examen détaillé des possibilités qu'existent à Disneyland Paris pour vous procurer des tickets.

Important : Si vous avez réservé un hôtel Disney par le biais du site de Disneyland Paris ou au téléphone, vous pouvez passer cette rubrique, étant donné que vos tickets sont compris dans votre offre, à moins que vous n'ayez spécifiquement réservé pour une chambre uniquement.

Tarifs sur Place

Les visiteurs qui viennent de manière spontanée à Disneyland Paris peuvent acheter des tickets aux guichets de l'entrée de chaque parc à thème. Les tarifs pratiqués sur place sont plus élevés que ceux disponibles ailleurs. Vous obtiendrez une réduction substantielle en réservant à l'avance et vous économiserez beaucoup de temps.

Vous pouvez acheter des tickets pour un parc ou deux et pour un jour ou plusieurs à l'une des billetteries. En plus des billetteries avec du personnel, il y a également des guichets automatiques sous le *Disneyland Hotel*.

Dans les Disney Store

Vous pouvez acheter des tickets pour Disneyland Paris dans n'importe quel Disney Store d'Europe. Certains Disney Store dans le monde pourront également avoir des tickets pour Disneyland Paris. Posez simplement la question au guichet. Ces tickets sont proposés au même tarif qu'aux guichets des parcs, mais vous économiserez du temps d'attente une fois sur place, étant donné que vous pourrez vous diriger immédiatement aux tourniquets. Si vous réalisez votre achat à l'avance, alors nous vous recommandons de le faire sur internet pour obtenir des réductions plus importantes.

Tarifs sur place

1 jour/1 parc
Adultes : 87 € ;
Enfants : 80 €

1 jour/2 parcs
Adultes : 107 € ;
Enfants : 100 €

2 jours/2 parcs
Adultes : 169 € ;
Enfants : 156 €

3 jours/2 parcs
Adultes : 211 € ;
Enfants : 195 €

4 jours/2 parcs
Adultes : 249 € ;
Enfants : 229 €

Sont considérés comme des enfant les 3 à 11 ans. Les enfants de moins de 3 ans entrent gratuitement sur le site – il pourra vous être demandé de prouver leur âge.

La billetterie du Parc Disneyland est située sous le Disneyland Hotel. La billetterie du Parc Walt Disney Studios est située à droite des tourniquets de l'entrée du parc.

Tickets sur Internet

Si vous achetez vos tickets en ligne, à l'avance, vous pourrez réaliser des économies considérables sur les prix de base. Les tarifs varient selon la date et la durée de votre visite.

Tickets 1 journée :
Ticket Mini
- 1 parc – Adultes : 56 € ; Enfants : 51 €
- 2 parcs – Adultes : 76 € ; Enfants : 71 €

Ticket Magic
- 1 parc – Adultes : 74 € ; Enfants : 68 €
- 2 parcs – Adultes : 94 € ; Enfants : 88 €

Ticket Super Magic
- 1 parc – Adultes : 87 € ; Enfants : 80 €
- 2 parcs – Adultes : 107 € ; Enfants : 100 €

Tickets pour plusieurs jours :
- **2 jours/2 parcs**
Adultes : 169 € ; Enfants : 156 €

- **3 jours/2 parcs**
Adultes : 211 € ; Enfants : 195 €

- **4 jours/2 parcs**
Adultes : 249 € ; Enfants : 229 €

Des offres spéciales sont souvent disponibles pour acheter des tickets, comme par exemple un jour supplémentaire gratuit (par exemple, payez 2 jours, obtenez-en 3), ou un tarif enfant pour les adultes.

Les tickets *Mini, Magic* et *Super Magic* sont uniquement valables sur des jours bien spécifiques.

Les tickets vendus à tarif réduit peuvent être achetés jusqu'à un jour avant la date de votre visite. Vous ne pourrez pas les utiliser le jour de l'achat, à moins que vous n'achetiez un ticket plein tarif sur internet.

Si vous choisissez de faire envoyer vos tickets à votre adresse postale (des frais supplémentaires pourront s'appliquer), les tickets devront être achetés au moins 10 jours avant la date de votre visite.

Les revendeurs de tickets

Il y a des revendeurs de tickets qui vous proposeront des tickets à prix véritablement réduits ; vous pourriez faire de grosses économies ! Nous vous recommandons les grandes surfaces comme Auchan, la FNAC et Vente Privé.

Les formules de séjour Signature Collection Mickey

Disneyland Paris propose deux types d'expériences de prestige que vous pourrez envisager si vous souhaitez rendre votre visite plus spéciale.

- **Le séjour Signature Collection Mickey (99 € par personne)** – Obtenez un accès rapide pour rencontrer Mickey, admirez les stars Disney dans la parade d'une zone privilégiée, recevez une carte cadeau de 15 € par personne et utilisez votre PhotoPass+ pour prendre des photos de votre séjour. Profitez aussi d'un cocktail, partagez un repas délicieux et terminez par le fameux gâteau Mickey. Réservez une table à un buffet : au *Restaurant Agrabah Café*, au *Plaza Gardens Restaurant* ou à *La Grange at Billy Bob's Country Western Saloon*.

- **Le séjour Signature Célébration Mickey (299 € par personne)** – En plus de tout ce qui est mentionné ci-dessus, vous obtiendrez également un accès rapide et illimité dans une sélection d'attractions grâce au *Fastpass Ultimate*, une place réservée pour le spectacle *Disney Illuminations*, et 10 € de plus sur votre carte cadeau à dépenser dans les parcs... ce qui fait 25 € par personne. En plus du cocktail de fête et du gâteau Mickey, vous pourrez également choisir votre restaurant. Pourquoi ne pas rencontrer les personnages Disney à *l'Auberge de Cendrillon*, au *Café Mickey* ou à *Inventions*... ce sera la cerise sur le gâteau !

L'entrée dans les parcs n'est pas comprise dans les prix ci-dessus.

Pass annuels

Un pass annuel Disneyland vous donne droit à une année d'avantages pour le prix d'une entrée pour quelques jours. Les pass sont disponibles pour tous les visiteurs.

Discovery: 179 €	Magic Flex: 259 €	Magic Plus: 299 €	Infinity: 449 €
Accès aux parcs 150 jours par an. Ne pourra pas être utilisé le 2ème et le 3ème jour après l'activation.	Accès aux parcs 300 jours par an.	Accès aux parcs 350 jours par an.	Accès aux parcs 365 jours par an.
Option de parking illimité pour 60 €	Parking illimité inclus.	Parking illimité inclus.	Parking illimité inclus.
	Pas de réduction sur vos achats	Boutiques : réduction de 10 %	Boutiques : réduction de 20 %
	Pas de réduction dans les restaurants	Restaurants : réduction de 10 %	Restaurants : réduction de 20 %
	Des chambres d'hôtel Disney à partir de 130 € la nuitée	Des chambres d'hôtel Disney à partir de 130 € la nuitée	Des chambres d'hôtel Disney à partir de 108 € la nuitée
	Réduction de 20 % sur les tickets 1 journée pour vos amis/votre famille	Réduction de 20 % sur les tickets 1 journée pour vos amis/votre famille	Réduction de 20 % sur les tickets 1 journée pour vos amis/votre famille
	1 an de *PhotoPass* en option pour 65 €	1 an de *PhotoPass* en option pour 59 €	1 an de *PhotoPass* inclus
		20 % de réduction sur le dîner-spectacle *La Légende de Buffalo Bill*	20 % de réduction sur le dîner-spectacle *La Légende de Buffalo Bill*
		10 % de réduction au Golf Disneyland et dans les Disney Store	10 % de réduction au Golf Disneyland et dans les Disney Store
		Dix tickets 1 jour/2 parcs pour seulement 45 € pièce.	Dix tickets 1 jour/2 parcs pour seulement 39 € pièce.
		Des entrées privées pour accéder au parc, accès aux Moments de Magie en Plus, cocktail gratuit sans alcool dans les restaurants proposant le service à table	Des entrées privées pour accéder au parc, accès aux Moments de Magie en Plus, consignes, location de poussettes et fauteuils roulants, et accueil animaux gratuits, cocktail gratuit sans alcool dans les restaurants proposant le service à table
			Emplacement VIP pour *Disney Illuminations* et *Disney Stars on Parade* sur réservation.
			Numéro de téléphone particulier avec conciergerie
			Accès aux piscines de certains hôtels Disney.

Jours bloqués pour les pass annuels

Pass Discovery:
Janvier 2020 - du 1er au 5, le 11, le 12, le 18, le 19, le 25 et le 26
Février 2020 - le 1er, le 2, du 8 au 29
Mars 2020 - du 1er au 8, le 14, le 15, le 21, le 22, le 28 et le 29
Avril 2020 - du 4 au 30
Mai 2020 - du 1er au 3, du 7 au 10, le 16, le 17, du 21 au 24, le 30 et le 31
Juin 2020 - le 1er, le 6, le 7, le 13, le 14, le 20, le 21, le 27 et le 28
Juillet 2020 - du 4 au 31
Août 2020 - Tout le mois
Septembre 2020 - Tous les samedis et dimanches
Octobre 2020 - le 3, le 4, le 10, le 11, le 17, le 18, du 24 au 31
Novembre 2020 - du 1er au 8, le 11, le 14, le 15, le 21, le 22, le 28 et le 29
Décembre 2020 - le 5, le 6, le 12, le 13, du 19 au 31

Pass Magic Flex :
Janvier 2020 - le 1er uniquement
Février 2020 - le 15, le 16, le 22, le 23 et le 29
Mars 2020 - le 1er uniquement
Avril 2020 - le 11, le 12, le 13, le 18 et le 19
Mai 2020 - du 1 au 3, du 21 au 23, le 30 et le 31
Juin 2020 - le 1er uniquement
Juillet 2020 - Aucun
Août 2020 - du 14 au 16
Septembre 2020 - Aucun
Octobre 2020 – du 24 au 31
Novembre 2020 - le 1, le 2 et le 11
Décembre 2020 - le 5, le 6, du 19 au 31

Pass Magic Plus :
Janvier 2020 - le 2 uniquement
Février 2020 - Aucun
Mars 2020 - Aucun
Avril 2020 - Aucun
Mai 2020 - Aucun
Juin 2020 - Aucun
Juillet 2020 - Aucun
Août 2020 - Aucun
Septembre 2020 - Aucun
Octobre 2020 - du 28 au 31
Novembre 2020 - le 1er uniquement
Décembre 2020 - du 26 au 31

Le Pass Discovery ne peut pas être utilisé pendant les deux jours qui suivent son achat.

Les « jours bloqués » sont les dates auxquelles votre pass ne vous permet pas d'entrer dans les parcs. Cela ne s'applique pas au jour où vous achetez votre pass annuel, mais vous ne pourrez pas aller d'un parc à l'autre le jour où vous achetez un pass annuel s'il s'agit d'un jour bloqué. Vous obtiendrez une réduction familiale de 20 % si vous achetez communément cinq pass.

Comment acheter mon pass annuel ?
À la billetterie, demandez si vous pouvez acheter un pass annuel – il est souvent disponible les jours où il y a moins d'affluence la semaine, et parfois le week-end. Vous pouvez également demander si le « Bureau de Donald » est ouvert. Si c'est le cas, suivez les instructions et remplissez le pass. Si ce bureau n'est pas ouvert, vous pourrez acheter un ticket 1 journée au Parc Disneyland (pas au Parc Walt Disney Studios). Une fois que vous serez entré dans le Parc Disneyland, allez au « Bureau Pass Annuel » (situé à l'entrée de *Discoveryland*).

On vous y demandera quelques informations, comme votre adresse et votre nom, une photo pour la carte, et votre pass annuel sera fabriqué. Le prix de votre ticket pour la journée sera déduit du prix de votre pass annuel.

Réservez environ une heure pour faire cela, il pourrait y avoir de l'attente. L'opération en elle-même ne prend que 10 minutes. Vous devrez avoir sur vous votre passeport ou votre carte d'identité pour prouver votre identité.

Astuce
Si votre visite durera au moins trois jours, pensez à en acheter un pass annuel au lieu des tickets d'entrée. Cela vous permet d'avoir des réductions sur les hôtels, les boutiques et la restauration.

Chapitre Six | Les services des parcs

Les Services des Parcs

Avant de nous intéresser en profondeur à chacun des parcs à thème. Prenons un moment afin de découvrir les différents services présents dans chacun d'eux.

Le Fastpass

Disneyland Paris propose *gratuitement* un système unique de coupe-file appelé Fastpass. Il vous permet de réserver une tranche horaire pour certaines attractions et de limiter au maximum le temps d'attente. Pendant ce temps, vous pourrez faire autre chose, comme du shopping, vous restaurer, assister à un spectacle ou aller sur une autre attraction.

Comment utiliser le *Fastpass*

1. Trouvez une attraction avec *Fastpass (FP)*
Vous pourrez identifier les attractions proposant le *Fastpass* à l'aide du logo 'FP' sur les plans des parcs. Il pourra vous être utile de savoir à l'avance quelles attractions le proposent en lisant ce guide.

2. Vérifiez le temps d'attente et décidez-vous avant de prendre votre FP
Au niveau des attractions où le *FP* est disponible, il y a deux entrées – la file d'attente standard où vous pouvez faire la queue pour ensuite monter dans l'attraction (vous trouverez le temps d'attente affiché au-dessus), et l'entrée *Fastpass*.

Si le temps d'attente est de moins de 30 minutes, nous vous recommandons de patienter dans la file standard. En effet, le système *FP* vous oblige à faire des allées et venues dans le parc, ce qui vous fera perdre du temps.

3. Obtenez votre *Fastpass*
Près de l'entrée de chaque attraction se trouve une zone de distribution de FP avec des machines surmontées d'un panneau indiquant deux horaires. Cela vous indique le créneau horaire de retour actuellement disponible pour les *FP* (par exemple de 14h15 à 14h45). C'est sur cette tranche horaire que votre réservation sera effectuée, et elle sera imprimée sur votre *FP*.

Dirigez-vous vers les machines *FP* et scannez votre ticket ou pass annuel. La machine imprimera un *FP*. Gardez-le bien avec votre ticket d'entrée.

4. Patientez
Allez vous restaurer, explorez le parc, profitez d'une autre attraction ou d'un spectacle jusqu'à la tranche horaire que vous avez réservée.

5. Revenez et entrez dans l'attraction
Revenez à l'attraction au moment de la plage horaire affichée sur votre *FP*, et présentez-vous à l'entrée *Fastpass*. Donnez votre *FP* au *Cast Member* (membre du personnel) présent.

Ensuite, vous pourrez profiter de l'attraction en quelques minutes, vous évitant de faire la queue – le temps d'attente avec un *Fastpass* est souvent de moins de 5 minutes, mais il pourra atteindre 15 minutes.

Précisions au sujet du système *Fastpass*

Il faut maintenant aborder les limites du *Fastpass* – abordons les limites du système *Fastpass*.

Tout d'abord, toutes les attractions ne proposent pas le *Fastpass* – seules 10 attractions sur 60 proposent ce service. Ensuite, vous pourrez uniquement être titulaire d'un ticket *Fastpass* à la fois, même s'il y a des exceptions, comme on le soulignera à la page suivante. Par conséquent, vous ne pourrez utiliser le *Fastpass* qu'occasionnellement lors de votre visite.

Comment fonctionne le système *Fastpass* :

Tous les tickets d'entrée à Disneyland Paris et les pass annuels comprennent l'accès *Fastpass* – il s'agit d'un système gratuit qui est à la disposition de tous les visiteurs.

Tous les jours, le personnel du parc décide du pourcentage de visiteurs qui pourront utiliser le système *Fastpass*. Disons que dans ce cas, il s'agit de 50 %. Cela signifie que 50 % des visiteurs utiliseront un *Fastpass* pour embarquer, et que 50 % feront la queue dans la file d'attente standard toutes les heures.

Les horaires *Fastpass* sont répartis par tranches de 5 minutes ; après que tous les *Fastpass* pour la plage horaire de 10h30 à 11h00 (par exemple) ont été distribués, la plage horaire suivante sera de 10h35 à 11h05. Une fois que tous les *Fastpass* ont été distribués pour la journée, les machines de distribution de FP sont éteintes.

Il est possible que les attractions ne proposent pas de *Fastpass* pendant l'entièreté des horaires d'ouverture pour des raisons fonctionnelles. Si vous souhaitez connaître l'horaire de la dernière plage horaire *Fastpass*, posez la question aux *Cast Members* présents à l'attraction. Lorsque les *Fastpass* ne sont plus utilisés, la file d'attente standard avance beaucoup plus vite.

En raison du nombre limité de *Fastpass* disponibles, les tickets pourront être épuisés tôt dans la journée pour les attractions les plus appréciées comme par exemple *Peter Pan's Flight*, *Big Thunder Mountain*, *Buzz Lightyear Laser Blast* et *Ratatouille*.

Les jours où l'affluence est la plus forte, ces attractions distribuent tous leurs *Fastpass* de la journée avant midi. *Ratatouille* distribue régulièrement tous ses tickets Fastpass dans l'heure qui suit l'ouverture du parc.

Le *Fastpass* est-il toujours disponible ?

Pour la plupart des attractions, le *Fastpass* est proposé tous les jours.

D'autres le proposent uniquement en période de forte affluence.

Les attractions qui ne proposent pas de *Fastpass* pendant les périodes de faible affluence sont les suivantes : *Star Tours*, *Indiana Jones et le Temple du Péril*, et *Les Tapis Volants*.

Bon à savoir :

La *Tower of Terror* comporte une vidéo préliminaire à l'attraction que vous ne pouvez pas éviter, même en passant par la file *Fastpass*. Après l'avoir regardée, vous rejoindrez une file courte pour embarquer dans l'attraction en elle-même, mais l'attente pourra aller jusqu'à 15 minutes. Vous pourrez également attendre jusqu'à 15 minutes à *Buzz Lightyear Laser Blast*, *Star Wars Hyperspace Mountain* et *Ratatouille*.

Dans les autres attractions, vous devrez pouvoir être dans l'attraction en moins de cinq minutes en arrivant avec un *Fastpass*.

Obtenez des Fastpass supplémentaires

Officiellement, vous ne pouvez détenir qu'un *Fastpass* à la fois. Néanmoins, il y a des exceptions.

• Lorsque votre plage horaire *Fastpass* commence, vous pouvez prendre un autre *Fastpass*, même si vous n'avez pas encore utilisé votre *Fastpass* actuel. Par exemple, vous pouvez détenir un *Fastpass Stars Tours* pour '14h00 - 14h30' et prendre un autre *Fastpass* à partir de 14h.

• Les *Cast Members* (le personnel), selon leur bon vouloir, pourront vous autoriser à utiliser un *Fastpass* où la plage horaire est déjà passée, mais jamais avant. Ce n'est pas autorisé sur *Ratatouille*.

• Le système *Fastpass* n'est pas relié entre les deux parcs à thème. Par conséquent, vous pourrez détenir un *Fastpass* pour une attraction du Parc Walt Disney Studios et un autre pour une attraction du Parc Disneyland de façon simultanée.

Notez que vous pourrez mettre 20 à 30 minutes pour aller d'un parc à l'autre. Vous devrez avoir un ticket qui vous permette de passer entre les deux parcs pour faire cela.

• Si la plage horaire réservée est dans plus de deux heures, vous pourrez obtenir un autre *Fastpass* deux heures après avoir réservé le premier. Par exemple, si vous avez réservé un *Fastpass* pour *Star Wars Hyperspace Mountain* à 10h00 et que la plage horaire réservée est de 15h00 à 15h30, comme 15h00 est à plus de deux heures du moment où vous avez réservé votre *Fastpass*, vous pourrez prendre un autre *Fastpass* à 12h00 (soit deux heures après 10h00). L'heure à laquelle vous pourrez prendre votre *Fastpass* suivant est indiquée en bas de votre dernier ticket *Fastpass*.

• Les *Fastpass Indiana Jones* ne sont pas liés au reste du système *Fastpass*. Vous pourrez donc détenir un *Fastpass* pour cette attraction *ET* un autre *Fastpass* du Parc Disneyland en même temps.

Liste des attractions avec Fastpass

Parc Disneyland :
• Star Wars Hyperspace Mountain
• Buzz Lightyear Laser Blast
• Star Tours: l'Aventure Continue
• Peter Pan's Flight
• Indiana Jones et le Temple du Peril
• Big Thunder Mountain

Parc Walt Disney Studios :
• The Twilight Zone: Tower of Terror
• Flying Carpets over Agrabah / Tapis Volants
• Ratatouille: L'Aventure Totalment Toquée de Rémy

Les Fastpass Premium et Hotel

• Les visiteurs qui séjournent dans les suites du *Disneyland Hotel*, du *Newport Bay Club Hotel*, de l'*Hotel New York*, du *Sequoia Lodge Hotel* et du *Castle Club (Disneyland Hotel)* ont accès à un **Fastpass VIP** par visiteur. Le *Fastpass VIP* permet d'utiliser immédiatement et en illimité les entrées *Fastpass* de toutes les attractions. Avec un *Fastpass VIP*, vous n'avez plus besoin du système *Fastpass*. Vous montrez votre *Fastpass VIP* à l'entrée de chaque attraction pour accéder à la file *Fastpass* sans réservation. Vous devrez utiliser les files d'attente standard dans les attractions où le *Fastpass* n'est pas disponible.
• Les visiteurs du *Golden Forest Club (Sequoia Lodge Hotel)*, du *Compass Club (Newport Bay Club Hotel)* et de l'*Empire State Club (Hotel New York)* ont droit à un **Fastpass Hôtel** par jour. Cela permet aux visiteurs d'accéder à une attraction *Fastpass* par jour en passant par la file d'attente *Fastpass* sans délai. Le *Fastpass Hôtel* est valable une seule fois par jour.
• **Fastpass Super** – Ce *Fastpass* payant vous donne un accès unique soit à trois attractions familiales (*Ratatouille, Peter Pan* et *Buzz Lightyear Laser Blast*), soit à trois attractions à frissons (*Hyperspace Mountain, Phantom Manor* et *Tower of Terror*) en passant par la file d'attente *Fastpass*. Le prix est de 30 € par personne en basse saison et de 45 € en haute saison.
• **Fastpass Ultimate** – Ce *Fastpass* payant vous donne accès à toutes les attractions *Fastpass*. Une seule entrée pour chaque attraction FP coûte 60 à 90 € par personne, alors que l'entrée illimitée pour toutes les attractions *Fastpass* revient à 120 à 150 € par personne. Les prix varient selon la saison à laquelle vous visitez les parcs.

Les Photos sur les Attractions

Certaines attractions à Disneyland Paris comportent des appareils photos postés et programmés pour prendre des clichés parfaits de vous alors que vous profitez pleinement. Achetez la photo et découvrez-vous au moment le plus rapide, le plus raide, le plus effrayant et le plus amusant de l'attraction. Cela fera un excellent souvenir.

Lorsque vous sortez de ces attractions, vous passerez devant des écrans qui montreront un aperçu de votre photo (avec un filigrane par-dessus). Si vous souhaitez l'acheter, allez au guichet des photos. Vous n'êtes pas obligé d'acheter ces photos juste après votre passage sur l'attraction ; vous pourrez venir les chercher à n'importe quel moment de la journée. Souvenez-vous bien de votre numéro personnel en sortant de l'attraction, ou demandez à un *Cast Member* (membre du personnel) de le noter pour vous.

Si vous aimez la photo, un *Cast Member* vous la montrera de plus près avant que vous ne payiez. Si elle vous plaît, achetez-la ! Vous garderez cette photo précieusement pendant longtemps.

Le prix d'impression des photos avec un cadre est de 20 € par photo, 26 € pour deux photos et 36 € pour trois photos. Une seule photo sans cadre coûte 17 €, chaque photo supplémentaire coûtant 10 €. Des photos numériques sont également disponibles avec le *PhotoPass+*, plus d'informations aux pages suivantes. Vous pourrez également acheter une formule *PhotoPass+ Attractions One* pour 40 €, qui comprend toutes les photos de vous sur les attractions pour la journée.

Les attractions où des

photos sont prises sont les suivantes : *Big Thunder Mountain, Pirates of the Caribbean, Star Wars Hyperspace Mountain, Buzz Lightyear Laser Blast,* et *The Twilight Zone : Tower of Terror.*

Astuce : Si vous voulez des photos de plusieurs attractions, vous pouvez les combiner à l'aide d'un *Photopass*. Consultez notre rubrique sur le *Photopass* (page 32) pour découvrir comment économiser de l'argent sur les photos.

L'application Disneyland Paris

Disneyland Paris a une application gratuite sous iOS et Android qui vous permettra d'améliorer votre visite. À l'aide de l'application, vous pourrez planifier votre séjour, accédant par exemple à un aperçu des hôtels disponibles et des diverses attractions présentes sur le site. Vous pourrez également créer un itinéraire et réserver une table aux restaurants.

Une fois que vous êtes dans les parcs, vous pourrez

vérifier les horaires d'ouverture, ceux des spectacles et des parades, et même le temps d'attente pour les attractions. C'est cette dernière fonctionnalité qui rend l'application particulièrement utile – plus besoin de marcher jusqu'au panneau affichant les temps d'attente sur *Main Street, U.S.A.*

Avoir du réseau est nécessaire pour voir des informations en direct, ce qui signifie que l'itinérance devra être activée sur votre

téléphone si vous venez de l'étranger ; vous pourrez utiliser également le réseau wifi disponible gratuitement dans les parcs pour tous les visiteurs.

Le Photopass

Le système *Photopass* de Disneyland Paris est facile à utiliser et simplifie la collecte de toutes vos photos réalisées sur le site.

Allez simplement à la rencontre des photographes du parc (y compris ceux qui sont postés au niveau de *Rencontre avec Mickey*, du *Princess Pavilion* et avec les autres personnages) et quand ils auront pris votre photo, demandez un *Photopass*.

Vous pouvez également demander une carte *Photopass* au guichet photo de n'importe quelle attraction (ce n'est pas affiché, mais c'est possible si vous le demandez).

La fois suivante, donnez votre carte *Photopass* et les photos y seront ajoutées pendant toute votre visite et seront conservées dans le système. Cette carte peut être réutilisée dans les deux parcs lorsque vous trouvez un photographe ou que vous êtes pris en photo dans les attractions.

Les photos sont enregistrées dans le système *Photopass* pendant 7 jours.

Avant que vos photos n'expirent, allez dans un des lieux suivants pour les consulter et les acheter :

New Century Notions: Flora's Unique Boutique dans le Parc Disneyland, au *Walt Disney Studios Store* dans le Parc Walt Disney Studios, et à la *Disney Gallery* dans le Disney Village. Vous pourrez également consulter les photos dans les boutiques de souvenirs Disney des hôtels du site.

Vous pourrez acheter des versions imprimées et numériques des photos de votre *Photopass* dans tous ces endroits. Plusieurs cartes *Photopass* peuvent être combinées sous un compte.

Plus vous achetez de photos, plus le « prix par photo » baisse.

Vous pouvez également ajouter gratuitement des éléments de la magie Disney, avec des bordures thématiques et autres détails.

Pour les visiteurs qui ont déjà utilisé le *Photopass* dans les parcs Disney américains, le système de Disneyland Paris fonctionne de façon similaire, mais les prix des impressions sont généralement plus raisonnables à Disneyland Paris.

La différence la plus remarquable est cependant qu'il y a moins de photographes *Photopass* dans les parcs français, alors qu'ils sont très nombreux dans les parcs aux États-Unis. Ceci vous permet de prendre d'excellentes photos avec les icônes du parc. Il y a un photographe près du *Château de la Belle au Bois Dormant* et un autre à *Town Square*, mais à l'avenir, on aimerait voir cette offre étendue dans le parc.

Le Photopass+

Comme les *Photopass* standard, le *Photopass+* vous permet de récupérer des photos de vous sur les attractions et avec les personnages, ainsi que des photos devant les endroits les plus connus du parc. La différence est que vous prépayez pour des photos numériques illimitées au lieu de payer individuellement chaque impression. Le *Photopass+* coûte 75 € sur place.

Le *Photopass+* comprend une carte *Photopass+* et une lanière sur laquelle transporter votre carte. De plus, deux mini-cartes sont comprises afin que d'autres membres de votre groupe puissent avoir leur propre carte et ajouter facilement des photos sur le même compte. Cela permet aux groupes et aux familles de se diviser tout en ajoutant facilement des photos sur un même compte.

Les visiteurs peuvent ajouter un nombre illimité de photos à leur compte au cours des 10 jours qui suivent l'activation de leur *Photopass+*.

Pour visualiser leurs photos, les visiteurs devront créer un compte sur disneyphotopass.eu.

Les visiteurs pourront consulter leurs photos sur ce site et les télécharger en haute définition, ainsi qu'acheter des impressions, des livres photo, des calendriers, des cadeaux, et autres souvenirs.

Les photos resteront sur le site *Photopass+* pendant un an après avoir été prises, ce qui vous donnera du temps pour télécharger vos clichés préférés.

Les visiteurs qui précommandent un *Photopass+* avec leur séjour payeront 59 €. Un coupon *Photopass+* vous sera donné lors de votre enregistrement, et vous devrez l'échanger avec le produit à n'importe quelle boutique des parcs qui vend des Photopass+.

Astuce 1 : Des réductions sont disponibles avec les pass annuels. La carte *Photopass+* des détenteurs de pass annuels est également valable pendant un an à partir de la date d'achat, au lieu de 10 jours seulement.

Astuce 2 : Si vous êtes uniquement intéressé par les photos prises dans cinq attractions, alors le *PhotoPass+ Attractions One* sera parfait pour vous. Il coûte 40 € ; cette carte pourra uniquement être utilisée une journée pour récupérer des photos.

Rider Switch

Rider Switch est une solution qui permet de gagner de temps pour les parents lorsqu'ils montent dans des attractions à frissons.

C'est un problème que rencontrent souvent deux adultes lorsqu'ils désirent monter sur une attraction à sensation mais qu'ils ont un enfant qui n'est pas assez âgé pour faire l'attraction en question.

Il y a trois scénarios :
a) les adultes peuvent faire l'attraction à tour de rôle (faire la queue deux fois) ;
b) l'un des adultes peut choisir de ne pas faire l'attraction ;
c) ne pas faire l'attraction du tout.

La solution est d'opter pour le *Rider Switch* de Disney, qui permet à un adulte de faire la queue pendant que l'autre reste avec l'enfant.

Lorsque le premier adulte atteint le bout de la file d'attente, il demande un pass *Rider Switch*. Avec ce pass, le second adulte peut ensuite faire l'attraction dès que le premier revient. Le second adulte accède presque immédiatement à l'attraction, souvent par la sortie, contournant toute la file d'attente standard.

Chaque adulte pourra faire l'attraction séparément, mais le second adulte ne devra pas patienter pour la faire.

Chaque attraction applique le système de manière un peu différente, donc demandez plus d'informations aux *Cast Members*.

Vous n'êtes pas obligé d'avoir un enfant ou un bébé pour utiliser ce service. Vous pourrez l'utiliser pour rester avec un adulte qui n'a pas envie de faire l'attraction en question.

Single Rider

L'un des meilleurs moyens de réduire considérablement votre temps d'attente pour les attractions est d'utiliser le service *Single Rider* au lieu de la file d'attente standard. C'est un service disponible pour quelques attractions du site.

Le service *Single Rider* permet de remplir les places vides dans les véhicules des attractions. Par exemple, si une attraction peut accueillir 8 personnes à la fois et qu'un groupe de 4 s'y présente, suivi d'un groupe de 3, alors c'est là que le *Single Rider* viendra prendre la place restante.

Si vous désirez gagner du temps et que la compagnie ne vous dérange pas, prenez-cette file et occupez les places vides. Ce système réduit les temps d'attente pour tout le monde.

Le service *Single Rider* pourra être fermé lorsque les temps d'attente pour une attraction donnée sont trop longs, ou lorsque l'affluence dans les parcs n'est pas importante.

Les files d'attente *Single Rider* peuvent également être empruntées par les groupes, mais leurs membres devront se séparer, et chacun fera l'attraction dans un véhicule différent. Bien sûr, vous pourrez attendre le reste de votre groupe près de la sortie, mais vous ne ferez pas l'attraction ensemble.

Les attractions suivantes proposent le service Single Rider :
• *RC Racer*
• *Toy Soldier Parachute Drop*
• *Crush's Coaster*
• *Ratatouille: L'Aventure Totalement Toqué de Rémy*
• *Star Wars Hyperspace Mountain*
• *Indiana Jones et le Temple du Péril*

Les Moments de Magie en Plus

Les Moments de Magie en Plus permettent à des visiteurs privilégiés d'accéder à quelques attractions des deux parcs à thème de Disneyland Paris une heure avant l'ouverture officiel chaque matin. Les parcs sont peu chargés et il est possible de faire les attractions avec très peu d'attente et également de rencontrer des personnages Disney. L'offre comprend la plupart des attractions principales des deux parcs.

Les Moments de Magie en Plus (MMP) se déroulent dans les deux parcs tous les jours de 8h30 à 9h30. À certains moments de l'année, seul l'un des deux parcs à thème pourra être disponible. Consultez le site de Disneyland Paris pour plus d'informations.

Accédez aux Moments de Magie en Plus
Le privilège des MMP est exclusivement réservé aux visiteurs qui séjournent dans les hôtels Disney du site (et non pour les hôtels partenaires) et pour les visiteurs qui ont des pass annuels *Magic Plus* ou *Infinity*, même s'ils ne séjournent pas dans un hôtel Disney.

Les visiteurs séjournant dans des hôtels Disney auront besoin de leur ticket d'entrée pour les parcs et de leur *Magic Pass* (attribué lors de l'arrivée à l'hôtel) afin de pouvoir accéder au site pendant les Moments de Magie en Plus. Les détenteurs de pass annuels auront simplement besoin de leur pass. Les détenteurs de pass annuels *Magic Plus* ne pourront pas accéder au site pendant les dates bloquées.

Qu'est-ce qui est ouvert pendant les MMP ?
Au Parc Disneyland, certaines attractions seront ouvertes dans *Main Street, U.S.A.*, *Discoveryland*, *Frontierland* et *Fantasyland*.

Habituellement, les attractions suivantes sont ouvertes pendant les Moments de Magie en Plus – les autres attractions et zones ouvriront aux horaires standard : *Dumbo: The Flying Elephant*, *Peter Pan's Flight*, *Le Carrousel de Lancelot*, *Mad Hatter's Teacups*, *Le Pavillon des Princesses*, *Rencontre avec Mickey*, *Les Voyages de Pinocchio*, *Buzz Lightyear Laser Blast*, *Star Tours*, *Hyperspace Mountain*, *Orbitron*, *Thunder Mesa Riverboat Landing*, *Phantom Manor* et *Big Thunder Mountain*.

Au Parc Walt Disney Studios, sont ouverts pendant les Moments de Magie en Plus les attractions suivantes : *Crush's Coaster*, *Cars Quatre Roues Rallye*, *RC Racer*, *Toy Soldiers Parachute Drop*, *Slinky Dog Zigzag Spin*, *Flying Carpets Over Agrabah*, *The Twilight Zone: Tower of Terror*, et *Ratatouille*.

Locations de Fauteuils Roulants et Poussettes

Des fauteuils roulants et des poussettes sont disponibles à la location.

Si cela fait peu de temps que votre enfant n'est plus en poussette, en louer une peut-être plus prudent : il est probable que votre enfant finisse par être fatigué(e), les distances parcourues à pied étant importantes lors d'une visite à Disneyland Paris.

Parfois, il peut être agréable de laisser ses enfants assis dans leur poussette et de faire une pause. Elles peuvent aussi être utilisées comme moyen pratique de transporter des sacs.

Il faut noter que les poussettes de Disneyland Paris ne se plient pas et ne comportent pas de protection pour la pluie.

Le coût de location à la journée pour une poussette ou un fauteuil roulant est de 20 €. La caution demandée pour un fauteuil roulant est de 150 €. Pour une poussette, elle est de 75 €.

Bien entendu, il est possible d'apporter sa propre poussette ou son propre fauteuil si on le souhaite.

Lorsque vous allez sur les attractions, faites bien attention à laisser votre poussette dans les zones prévues à cet effet. Posez la question si vous n'êtes pas sûr de savoir où elles se trouvent. Les poussettes pourront être déplacées par les *Cast Members* pour maintenir l'ordre.

Les Visites Guidées

Si vous souhaitez en savoir plus sur la magie qui s'opère dans les coulisses des deux parcs à thème de Disneyland Paris, n'hésitez pas à rejoindre l'une des visites guidées du site. Animé par un *Cast Member* de l'équipe relations visiteurs, ces visites apportent une plus-value idéale pour votre séjour.

La visite du Parc Disneyland (durée : 2 heures) commence à 13h00 ou 14h00 tous les jours, et celle du Parc Walt Disney Studios (durée : 90 minutes) part à 15h00 tous les jours. Vous découvrirez le travail qui a permis la création de ces parcs. Vous aurez accès à des secrets et observerez des détails qui vous étonneront et vous émerveilleront.

La visite est disponible dans les six langues officielles du parc.

De plus, la visite de *The Twilight Zone: Tower of Terror* détaille la construction et la conception de cette attraction.
La visite *Tower of Terror* est animé en français uniquement à 9h10 les mercredis et les samedis.

Le tarif pour la visite des parcs est de 65 € pour les adultes et 45 € pour les enfants de 3 à 11 ans inclus. La visite *Tower of Terror* coûte 50 € et 34 €.

Les réservations peuvent être effectuées par mail auprès des *Disney Special Activities* à dlp.disney.special.activities@disney.com.

Le Shopping Service de Disney

Le *Shopping Service* de Disney vous permet d'acheter des souvenirs dans les deux parcs à thème et de les récupérer plus tard.

Lorsque vous achetez avant 15h00, demandez à utiliser le *Shopping Service*. Vous laisserez vos achats auprès du *Cast Member* qui vous a servi.

Lorsque vous aurez terminé votre journée au parc, vous pourrez aller les récupérer à la boutique *World of Disney* dans le Disney Village le soir même, ou dans les boutiques des hôtels Disney du site ou de certains hôtels partenaires.

Cela signifie que vous pourrez récupérer tous vos souvenirs à un endroit donné, même si vous en avez acheté plusieurs dans différentes boutiques.

Ce service vous permet d'être libre de vous restaurer, de faire les boutiques, d'aller dans des attractions et de regarder des spectacles selon vos souhaits sans transporter de sacs.

Les Consignes

Il y a un service de bagagerie avec du personnel à l'entrée de chaque parc.

Il y a également une bagagerie automatique au niveau supérieur de la gare de Marne-La-Vallée – Chessy.

Les consignes des parcs et de la gare proposent des prix entre 5 et 10 € selon la taille du casier et le nombre de sacs que vous souhaitez y laisser.
Pour les consignes de la gare, vous aurez besoin du montant exact en espèces (il y a un monnayeur au niveau de la bagagerie). Dans les parcs Disney, vous pourrez payer en espèces ou par carte.

Les détenteurs du pass annuel *Infinity* pourront stocker un sac par jour à la bagagerie des parcs sans frais additionnels.

Vous pourrez accéder aux consignes de Disneyland Paris à n'importe quel moment de la journée le tarif étant pour la journée. Pour ce qui est des consignes de la gare, vous devrez payer pour les déposer à nouveau. De plus, vous devrez repasser les portiques de sécurité de Disneyland Paris à chaque fois que vous voudrez accéder aux consignes de la gare.

Rencontrer les personnages

Pour de nombreux visiteurs, rencontrer les personnages est le moment fort de leur séjour. Jouer avec Pluto, parler à Cendrillon ou faire un câlin à Mickey est inoubliable.

Parc Disneyland :
Les personnages apparaissent partout dans le parc, toute la journée, selon un programme défini.

Mickey est à *Rencontre avec Mickey* à *Fantasyland*, et vous trouverez les princesses Disney au *Princess Pavilion* (également à *Fantasyland*).

Près d'*Alice's Curious Labyrinth*, vous retrouverez Alice et ses amis, dont le Chapelier Fou ainsi que Tweedle Dum et Dee. Dans cette même zone, vous pourrez voir Winnie l'Ourson et ses amis.

Près de *Casey's Corner*, vous verrez Donald et ses amis, tandis qu'au niveau de la *Liberty Arcade*, vous trouverez Minnie et ses amis.

Woody et ses amis sont au *Cowboy Cookout Restaurant*, vous pourrez trouver Baloo à proximité du *Hakuna Matata Restaurant* à *Adventureland* et Tic et Tac près du *Colonel Hathi's Pizza Outpost*.

Également dans *Adventureland*, attendez-vous à voir Peter Pan et ses amis autour de *Pirate's Beach*, et Aladdin et ses amis au niveau de l'*Agrabah Café*.

Au *Starport* de *Discoveryland*, vous pourrez rencontrer Dark Vador.

S'il y a un personnage en particulier que vous aimeriez voir, demandez à *City Hall* (sur *Town Square*) s'ils ont un programme pour vous. Vous pourrez rencontrer les personnages tous les jours.

Vous pourrez aussi profiter d'un petit-déjeuner avec les princesses Disney à *L'Auberge de Cendrillon* (77 € pour les adultes, 45 € pour les enfants).

Rejoindre les personnages Disney pour le petit-déjeuner est aussi possible au *Plaza Gardens* à *Main Street, U.S.A.*

Les personnages arrêtent habituellement de rencontrer les visiteurs vers le milieu de l'après-midi. Vérifiez le programme du parc pour obtenir plus d'informations à ce sujet.

Parc Walt Disney Studios :
Vous trouverez un bon nombre de personnages dans la zone *Toon Studio* du parc, à gauche de *Crush's Coaster*, au niveau des points photo extérieurs permanents. Vous y apercevrez régulièrement Mickey, Minnie, Buzz l'Éclair, Woody ainsi que d'autres personnages. Consultez votre programme pour savoir précisément quand ils apparaîtront.

À l'*Animation Celebration*, vous pourrez rencontrer Olaf de *La Reine des Neiges*.

Pour certains personnages du Parc Walt Disney Studios, au lieu de faire la queue vous devrez télécharger une application qui s'appelle

« Lineberty », et faire une réservation pour que vous puissiez le rencontrer.

Hôtels :
Des personnages peuvent être présents dans les hôtels du site le matin.

Les personnages classiques tels que Mickey, Minnie, Tigrou, Tic et Tac et Donald Duck sont également présents lors des repas avec les personnages au restaurant *Inventions* du *Disneyland Hotel*. Le prix du déjeuner et du dîner est de 70 € pour les adultes et 40 € pour les enfants. *Inventions* accueille également un brunch à thème le dimanche au prix de 99 € pour les adultes et 45 € pour les enfants, entre 13h00 et 15h00 – vous pouvez faire une réservation pour ces deux occasions même si vous ne séjournez pas à l'hôtel.

Disney Village :
Au dîner-spectacle *La Légende de Buffalo Bill*, vous pourrez prendre une photo avec Mickey dans son costume du Far West avant le spectacle. Soyez présent à l'avance, avant que Mickey n'aille se préparer pour le spectacle. Il est nécessaire de détenir un ticket d'entrée.

Comment Réduire son Temps d'Attente

Disneyland Paris thématise méticuleusement ses files d'attente afin de présenter l'histoire de l'attraction avant que vous n'embarquiez. Mais souvent, tout ce que l'on veut, c'est monter le plus vite possible dans l'attraction. Souvenez-vous bien qu'une visite dans un parc à thème implique de patienter dans des files d'attente ; cette rubrique contient néanmoins nos meilleures astuces pour réduire au minimum ces délais.

1 - Mangez en dehors des heures de repas normales

À Disneyland Paris, que vous souhaitiez manger dans un restaurant proposant le service à table ou un repas plus rapide, attendre pour manger fait partie du jeu. Déjeunez avant midi ou après 15h00 pour profiter de temps d'attente plus courts. Pour ce qui est du dîner, mangez avant 19h00 vous permettra d'attendre moins. Attendre 20 minutes ou plus pour commander est relativement normal lors des heures de pointe pour les restaurants qui proposent un service au comptoir. Pour les restaurants service à table, on vous conseille de faire une réservation.

2 - Astuces pour les restaurants avec un service rapide

Dans les endroits avec un service rapide, les caissiers ont deux files face à eux et alternent entre elles – comptez combien de groupes (familles) se trouvent devant vous dans la file. Il pourrait bien y avoir dix personnes devant vous dans une file d'attente, mais seulement deux familles. Une file où il y a dix personnes avancera plus vite si elle ne concerne que deux commandes, plutôt qu'une file avec cinq commandes.

3 - Visiteurs séjournant dans les hôtels situés sur le site

Si vous séjournez dans un hôtel Disney, profitez des Moments de Magie en Plus. Vous pourrez accéder aux deux parcs à thème pendant plus d'une heure avant les autres visiteurs. Pendant ce temps, vous pourrez profiter d'un bon nombre d'attractions avec des temps d'attente minimaux. Consultez notre rubrique sur les Moments de Magie en Plus (page 35) pour en savoir plus.

4 - Le Parc Disneyland ouvre tôt

Les horaires d'ouverture du Parc Disneyland indiquent officiellement qu'il ouvre à 10h00, mais les visiteurs peuvent entrer dans le parc 30 minutes plus tôt. Cela signifie que vous pourrez entrer dans le parc, profiter de l'ambiance, manger votre petit-déjeuner, commencer à faire les boutiques et prendre des photos sur *Main Street, U.S.A.* et au niveau du *Château de la Belle au Bois Dormant*. Devant le château, les entrées vers les différentes zones seront barrées par les *Cast Members* (personnel).

Si vous séjournez dans un hôtel Disney ou si vous êtes détenteur d'un pass annuel *Magic Plus* ou *Infinity*, montrez votre *Magic Pass* ou votre pass annuel pour entrer dans *Fantasyland*, *Discoveryland* et *Frontierland*. Sinon, patientez près des cordons de sécurité barrant l'entrée des différentes zones avant que le parc n'ouvre. Si vous êtes là avant l'ouverture officiel du parc, vous pourrez profiter de votre première attraction en quelques minutes.

5 - Le Parc Walt Disney Studios ouvre tôt

Le Parc Walt Disney Studios ouvre également à 9h30 et pas a 10h comme annoncé. Dès cette heure-là, vous pourrez vous promener dans le parc, et la plupart des attractions seront déjà opérationnelles grâce aux Moments de Magie en Plus, qui commencent à 8h30. Certaines attractions ouvrent uniquement à 10h00, à l'horaire d'ouverture officiel du parc. Nous vous recommandons d'aller directement profiter de *Crush's Coaster* ou de *Ratatouille*.

6 - Ne vous attardez pas aux parades et aux feux d'artifice

Si vous avez déjà vu les parades, les spectacles ou les feux d'artifice, utilisez ce temps pour profiter des attractions, les délais d'attente étant bien plus courts pendant ces grands événements. Si vous n'avez jamais vu ces divertissements, ne les ratez pas. Les parades et les spectacles sont uniquement présentés à des moments spécifiques de la journée.

7 - Allez aux attractions extérieures quand il pleut

Pour les attractions en extérieur telles que : *Dumbo, Flying Capets over Agrabah - Les Tapis Volants, Casey Jr., Le Pays des Contes de Fées, Big Thunder Mountain, Indiana Jones et le Temple du Péril, Le Carousel de Lancelot* (file extérieure)*, Slinky Dog Zigzag Spin, Toy Soldiers Parachute Drop* et *RC Racer*, les temps d'attente sont considérablement réduits lorsqu'il pleut.

Astuce : Un bon nombre de visiteurs retournent à leur hôtel lorsqu'il pleut, donc il y a beaucoup d'attractions intérieures dont les temps d'attente sont également plus courts s'il ne fait pas bon.

8 - Choisissez bien le moment de votre visite

Si vous vous rendez aux parcs le jour du Nouvel An, attendez-vous à attendre bien plus longtemps qu'au milieu du mois de février. Bien sûr, l'affluence est plus importante les week-ends que les jours de semaine. Consultez la rubrique « Quand s'y rendre » (page 8) pour pouvoir profiter au maximum de votre visite en visitant pendant des périodes adéquates.

9 - Faites les boutiques en début ou en fin de journée

Si vous arrivez au parc au moment de la préouverture, de 9h30 à 10h00, alors ce sera le moment idéal pour aller faire les boutiques. Vous pourrez aussi faire du shopping en fin de la journée. Même si le parc est « officiellement » fermé, les boutiques de *Main Street, U.S.A.* peuvent rester ouvertes pendant une heure de plus que le reste du parc. Vous pourrez aussi parcourir le Disney Village le soir et aller y faire les boutiques jusqu'à minuit ou 1h00 du matin selon la période !

De plus, les hôtels du site et certains hôtels partenaires comportent de petites boutiques Disney. Ne perdez pas votre temps à faire les boutiques la journée, faites-le à des moments stratégiques et profitez au maximum du temps que vous passez dans les parcs.

10 - Prenez un programme

Prenez une carte et un programme lorsque vous entrez dans le parc ; habituellement, ils sont distribués ensemble. Le programme liste toutes les informations relatives aux événements qui se déroulent à des horaires précis tels que les parades, les spectacles, les apparitions de personnages, entre autres. Ainsi, vous ne perdrez pas votre temps à traverser le parc pour vous rendre compte que le personnage que vous y avez vu un peu plus tôt dans la journée a maintenant quitté cet endroit. Le programme est aussi disponible sur l'application officiel Disneyland Paris.

Se Restaurer

Il existe une grande diversité d'endroits où se restaurer à Disneyland Paris. Il est possible d'acheter des sandwichs et des snacks, mais vous pouvez aussi vous rendre dans des établissements à service rapide (fast-food), des buffets avec les personnages, des restaurants avec service à table, et il existe même des endroits où vous trouverez une gastronomie fine. Manger peut tout autant faire partie de l'expérience Disneyland Paris que les attractions.

Réserver

Si vous voulez être sûr de pouvoir manger dans un restaurant en particulier, mieux vaut réserver une table à l'avance.

Vous pouvez réserver des places dans un restaurant jusqu'à 60 jours à l'avance, mais en réalité, réserver même deux semaines ou moins avant la date vous permettra généralement de vous assurer une table dans la plupart des endroits.

La plupart des gens ne réservent pas de restaurant à l'avance dans les parcs à thème européens, ce qui est une grande différence avec les parcs Disney américains.

Malgré cela, mieux vaut faire une réservation aussitôt que possible si vous voulez vous assurer un repas à une date en particulier. Vous serez bien sûr invité à vous asseoir bien plus vite en ayant réservé.

Acheter une Formule repas ne vous garantit pas une table dans un restaurant, veillez donc bien à faire une réservation à l'avance s'il y a un endroit où vous aimeriez particulièrement vous restaurer.

Réservations en ligne – NOUVEAU pour juillet 2020 : Vous pouvez maintenant faire une réservation dans un restaurant à l'aide de l'application officielle Disneyland Paris.

Vous pouvez également appeler le numéro de réservation pour les restaurants au +33 (0)1 60 30 40 50 et réserver dans plusieurs langues. Vous pourrez réserver au *City Hall* du Parc Disneyland, aux *Studio Services* du Parc Walt Disney Studios ou à l'accueil de tous les hôtels Disney. Vous pourrez aussi vous rendre directement dans le restaurant concerné et réserver sur place.

Il n'est pas nécessaire de séjourner dans un hôtel Disney pour pouvoir réserver une table dans un restaurant. Si vous ne pouvez pas honorer votre réservation, le mieux est d'annuler dès que possible.

En basse saison, il est possible de réserver pour le jour même ou le jour suivant. En pleine saison, les restaurants sont complets une semaine ou plus à l'avance.

Astuce : Si vous souhaitez manger à l'*Auberge de Cendrillon*, le mieux est de réserver aussitôt que les réservations ouvrent – c'est un endroit très demandé.

Formules repas

Les formules repas vous permettent de précommander des crédits repas pour que lors de votre arrivée sur le site, vous n'ayez pas à vous inquiéter du coût des repas.

Les formules repas sont disponibles pour les visiteurs qui réservent des formules comprenant un hôtel Disney et des tickets pour le parc.

Un coupon repas comprend un menu ou un buffet et une boisson non alcoolisée.

Occasionnellement, Disneyland Paris propose une promotion avec une formule repas gratuite comprise dans vos réservations.

Vos droits pour une formule repas sont transférés numériquement sur le *Magic Pass* qui vous est attribué lors de votre arrivée à l'hôtel. Dans certains cas, par exemple si vous utilisez le service *Disney Express*, il est possible que l'on vous donne plutôt des coupons papier.

Il existe trois types de formules repas. Plus la formule repas est chère, plus les restaurants et les repas inclus sont hauts de gamme.

Tous les restaurants n'acceptent pas les formules repas ; si vous mangez dans un restaurant qui n'est pas inclus dans votre formule repas, alors vous pourrez tout de même utiliser vos coupons pour obtenir une réduction. Par exemple, si vous avez un coupon « Plus », mais que vous allez dans un restaurant « Premium », alors la valeur du coupon « Plus » sera déduite de votre addition et vous payerez la différence.

Nous vous déconseillons d'utiliser vos coupons aux restaurant à service rapide: ayant une valeur supérieure à celle des repas proposés, vous seriez perdant.

Les formules repas vous permettent d'économiser jusqu'à 15 % du prix affiché, même si cela dépend de ce que vous commandez. Pour la plupart des visiteurs, l'avantage principal de cette offre, la tranquillité est d'esprit que vous permet le pré-paiement.

Il vous sera proposé des menus « Standard » et « Plus ». Avec la formule Premium, vous pourrez commander « à la carte » (sauf at *Disneyland Hotel* où un menu « Premium » est proposé). Si vous avez des doutes, posez la question à votre serveur avant de commander.

Tarification :
Lorsque vous réservez, vous pouvez choisir soit l'option de demi-pension, c'est-à-dire avec un petit-déjeuner et un repas par jour, soit l'option de pension complète, avec un petit-déjeuner et deux repas par jour.

Les tarifs sont indiqués ci-dessous par nuitée réservée pour votre séjour. Le petit-déjeuner sera facturé pour les visiteurs qui ne prennent pas de formule repas.

	Standard Adulte	Standard Enfant	Plus Adulte	Plus Enfant	Premium Adulte	Premium Enfant
Demi-Pension	€41	€28	€57	€38	€99	€62
Pension Complète	€61	€43	€77	€52	€129	€90

Se Restaurer

Nom du Restaurant	Style du Restaurant	Emplacement	Dans la formule Standard?	Dans la formule Plus?	Dans la formule Premium?
Agrabah Cafe	Buffet	Parc Disneyland	Oui	Oui	Oui
Annette's Diner	Service à table	Disney Village	Non	Oui	Oui
Auberge de Cendrillon	Service à table	Parc Disneyland	Non	Non	Oui
Beaver Creek Tavern	Service à table	Sequoia Lodge Hotel	Non	Oui	Oui
Bistrot Chez Remy	Service à table	Parc Walt Disney Studios	Non	Oui	Oui
Buffalo Bill's Wild West Show	Dîner-spectacle	Disney Village	Non	Non	Oui
Cafe Mickey	Service à table	Disney Village	Non	Oui	Oui
California Grill	Service à table	Disneyland Hotel	Non	Non	Oui
Cape Cod	Buffet	Newport Bay Club Hotel	Non	Oui	Oui
Captain Jack's	Service à table	Parc Disneyland	Non	Oui	Oui
Chuck Wagon Cafe	Buffet	Hotel Cheyenne	Oui	Oui	Oui
Crockett's Tavern	Buffet	Davy Crockett's Ranch	Oui	Oui	Oui
Hunter's Grill	Buffet	Sequoia Lodge Hotel	Non	Oui	Oui
Inventions	Buffet avec personnages	Disneyland Hotel	Non	Non	Oui
La Cantina	Buffet	Santa Fe Hotel	Oui	Oui	Oui
La Grange at Billy Bob's	Service à table	Disney Village	Oui	Oui	Oui
Plaza Gardens	Buffet	Parc Disneyland	Oui	Oui	Oui
Silver Spur Steakhouse	Service à table	Parc Disneyland	Non	Oui	Oui
The Steakhouse	Service à table	Disney Village	Non	Oui	Oui
Walt's: An American Restaurant	Service à table	Parc Disneyland	Non	Non	Oui
Yacht Club	Service à table	Newport Bay Club Hotel	Non	Oui	Oui

Se Restaurer

Bon à savoir

• Pour les buffets, le tarif enfant s'applique pour ceux qui ont entre 3 et 11 ans.

• Les adultes peuvent commander le menu enfant dans les restaurants à service rapide. Dans ceux où l'on est servi à table, cela dépendra du Cast Member (membre du personnel) qui vous servira.

• Pour avoir une meilleure idée des prix des repas dans les restaurants, consultez notre chapitre sur les parcs où vous trouverez une liste de prix pour les menus et les plats principaux à la carte.

• Tous les restaurants ne proposent pas d'option végétarienne ou végane, mais les *Cast Members* (personnel) feront de leur mieux pour vous satisfaire. Il pourra être utile de réserver en précisant à l'avance vos exigences en termes de régime alimentaire.

Prix du petit-déjeuner

Le petit-déjeuner n'est pas compris dans les réservations d'hôtel. À moins que vous n'achetiez une formule repas, il vous faudra payer en sus pour profiter de ce dernier.

Voici les prix des petits-déjeuners par personne et par nuitée :
• **Davy Crockett Ranch** - 12 € pour les adultes et les enfants
• **Santa Fe & Cheyenne** - 21 € pour les adultes, 14 € pour les enfants
• **Sequoia Lodge** - 24 € pour les adultes, 17 € pour les enfants
• **Newport Bay Club et Hotel New York** - 28 € pour les adultes, 23 € pour les enfants
• **Disneyland Hotel** - 36 € pour les adultes, 27 € pour les enfants

Pour prendre votre petit-déjeuner dans le parc au *Plaza Gardens*, avec les personnages Disney, le prix fort est de 41 € pour les adultes et 35 € pour les enfants – les visiteurs avec l'une des formules repas mentionnées ci-dessus payeront simplement la différence.

Le petit-déjeuner avec les Princesses de *L'Auberge de Cendrillon* coûte 49 € pour les adultes et 39 € pour les enfants.

Types de restauration:

Buffets – Buffets à volonté où l'on peut remplir son assiette avec les aliments présentés autant qu'on le souhaite. Les buffets ne comprennent pas toujours de boissons.

Service rapide ou **Service au comptoir** – *Fast food*. Regardez les menus disponibles, payez votre nourriture et récupérez-la quelques minutes plus tard. Vous trouverez des burgers et des frites, comme du poulet, des pizzas ou des pâtes. Soyez bien conscient du fait que les services « rapides » à Disney sont connus pour être lents et qu'une queue de seulement quatre à cinq personnes devant vous pourra facilement représenter 20 à 30 minutes d'attente.

Service à table – Lorsque vous commandez à partir du menu. Vous êtes servi par un serveur.

Buffets avec les personnages – Il s'agit de buffets à volonté où des personnages interagissent et prennent des photos avec vous pendant votre repas.

Astuce : Vous n'êtes jamais obligé de commander un menu complet. Commander des plats uniques « à la carte » est tout à fait possible, même si certains menus pourront vous faire économiser de l'argent.

Le Parc Disneyland

Le premier parc de Disneyland Paris est composé de cinq zones remplies de rêve, d'aventure et de joie.

Il est basé sur le parc d'origine, ouvert en Californie en 1955. Tous les complexes Disney du monde abritent un parc de ce type, sur la thématique du royaume enchanté. Le parc s'étend sur plus de 56 hectares, ce qui équivaut à presque deux fois la taille du parc d'origine.

Disneyland est le parc à thème le plus visité en Europe, et le treizième le plus visité dans le monde, avec 9,7 millions de visiteurs en 2019. Il a beaucoup à offrir aux visiteurs, avec presque cinquante points d'intérêts (attractions, zones à thème et spectacles), ainsi que des rencontres avec les personnages, des restaurants et de nombreuses boutiques.

Le Parc Disneyland est de loin, selon nous, le meilleur parc à thème d'Europe, et on dit souvent qu'il s'agit du plus beau parc Disney au monde.

Le parc est divisé en cinq *lands* (zones) réparties autour du *Château de la Belle au Bois Dormant*. Elles se nomment *Main Street USA, Frontierland, Adventureland, Fantasyland* et *Discoveryland*. Chaque *land* correspond à un thème, avec sa propre musique, ses décors, ses costumes et ses attractions thématiques. En bordure du parc, vous trouverez le *Disneyland Railroad*, un train qui transporte les visiteurs d'un secteur à l'autre.

Nous allons maintenant nous intéresser à chacune des zones, ainsi que leurs attractions, leurs restaurants et leurs caractéristiques principales.

Note: Faire la queue est inévitable dans les parcs à thème ; pour vous aider à savoir combien de temps vous êtes susceptible d'attendre pour chacune des attractions, nous avons indiqué des « temps d'attente moyens ». Ils correspondent aux périodes de forte affluence telles que les vacances scolaires (été, Noël, Pâques) et les week-ends toute l'année. En dehors de ces moments où l'affluence est maximale, les temps d'attente sont généralement moins importants.

 Cette attraction utilise le Fastpass?   Taille minimum (en mètres)

 Y-a-t'il une photo?   Durée de l'attraction

 Temps d'attente moyen (jours de forte affluence)

Main Street, U.S.A.

Main Street, U.S.A. vous mène jusqu'au *Château de la Belle au Bois Dormant*. Cette zone du parc est inspirée de l'Amérique des années 1920. Elle comprend de nombreuses boutiques sur les deux côtés de la rue, dont l'**Emporium**, où vous êtes assuré de trouver votre bonheur.

Il y a également des endroits pour vous restaurer, dont des établissements avec service rapide et service à table, ainsi que des snacks. Il y a également des boutiques alimentaires et des chariots de nourriture tout au long de *Main Street, U.S.A.*

Avant d'entrer dans *Main Street, U.S.A.* en elle-même, vous pourrez apercevoir *Town Square*, dont le milieu est occupé par un kiosque.

Le bâtiment **City Hall** se trouve immédiatement à votre gauche sur *Town Square* ; vous y trouverez des services des relations visiteurs. Vous pourrez y poser toutes vos questions et faire vos réservations pour les visites et les restaurants, et y poser vos commentaires positifs ou négatifs.

Pour les visiteurs en situation de handicap, une carte d'accessibilité est disponible à *City Hall* pour vous fournir un accès facilité aux attractions. Consultez notre rubrique « Visiteurs en situation de handicap » pour plus d'informations sur ce point (page 91).

Parallèlement à *Main Street, U.S.A.*, vous trouverez la **Liberty Arcade** et la **Discovery Arcade**. Elles permettent d'accéder au parc par un autre chemin lorsqu'il pleut.

Les Créateurs Disney ont retenu la leçon des autres parcs Disney, où l'affluence sur *Main Street, U.S.A.* devenait trop importante pendant les parades, les spectacles et en fin de journée. Les arcades fournissent une alternative de circulation à *Main Street, U.S.A.*, améliorant l'expérience des visiteurs.

Vous trouverez souvent des personnages à rencontrer, ainsi que de véritables musiciens.

Astuce : Pendant que vous remontez *Main Street, U.S.A.*, écoutez les sons qui proviennent des fenêtres du premier étage pour percevoir les bruits des habitants de la ville. Vous pourrez entendre un dentiste à travers l'une d'elle, un homme qui prend un bain dans une autre, et même un récital de piano !

Disneyland Railroad - Gare de Main Street, U.S.A.

Faites le tour du Parc Disneyland à bord d'un authentique train à vapeur. Que vous l'empruntiez comme moyen de transport ou pour la vue qu'il offre, le *Disneyland Railroad* est un moyen amusant de profiter du parc.

Un trajet complet autour du parc prend environ 20 minutes.

Cette attraction cesse habituellement de fonctionner plusieurs heures avant la fermeture du parc.

Les véhicules de Main Street et le tramway tracté par les chevaux

Quel meilleur moyen de voir *Main Street, U.S.A.* que depuis un véhicule – qu'il soit tiré par des chevaux, depuis un bus à impériale ou à l'aide d'autres moyens de transport.

Ces véhicules fonctionnent généralement uniquement le matin, et il vous suffit d'attendre que le véhicule suivant arrive aux endroits indiqués.

Au fur et à mesure de la journée, à des moments impromptus, les fontaines des douves du *Château de la Belle au Bois Dormant* prennent vie avec de la musique pour des petits spectacles de deux à trois minutes.

Ils ont lieu huit fois par jour, mais aucun programme officiel n'est donné. Si vous y passez à une heure pile ou à la demi, vous pourrez probablement l'apercevoir.

Ces spectacles d'eau changent selon les saisons, avec des variations au moment d'Halloween, Noël et le Jour de Saint Patrick, par exemple.

Les restaurants

Walt's Restaurant – Service à table. Il y a trois menus différents qui coûtent entre 41 et 70 €. Certains menus sont inclus dans la formule repas Premium. Les plats principaux à la carte coûtent entre 40 et 50 €. Un menu vegan est disponible.

Casey's Corner – Service au comptoir. Sert des snacks sur le thème du baseball. Hot dogs classiques - 8,50 € ; 8 nuggets de poulet - 8 € ; salade - 7 € ; desserts - de 2 à 4 € ; boissons froides et chaudes - de 3,30 à 3,70 € ; offre brownie et boisson chaude - 5,60 € ; bière - 5,90 €). Vous pourrez ajouter du cheddar et des oignons à votre hot dog pour 0,50 € de plus.

Plaza Gardens – Buffet. Buffet adultes au prix de 36 € avec boisson. Buffet enfants au prix de 19 € avec une boisson. Les buffets adultes et enfants sont inclus tous les deux dans la formule repas Standard. Un petit-déjeuner avec les personnages y est possible pour 41 € pour les adultes et 35 € pour les enfants.

Victoria's Home-Style Restaurant – Service au comptoir. Sandwichs chauds - 7 € ; petite salade - 3,50 € ; frites - 2,30 € ; desserts - de 3 à 4 € ; boissons froides et chaudes - de 2,80 à 3,50 € ; gourmandise pour le goûter - 5,60 € ; bière - 5,40 €. Sert des milkshakes l'été.

Frontierland

Entrez dans Frontierland et soyez transporté dans la ville du Far West de Thunder Mesa.

En plus des attractions présentées dans les pages suivantes, vous souhaiterez peut-être aussi aller à la **Rustler Roundup Shootin' Gallery**, où vous pouvez exercer vos talents de tir à la carabine. Cette attraction est payante.

Parmi les points d'intérêts de ce royaume, on trouve la **gare de *Frontierland*** de la ***Disneyland Railroad***, les ***Keelboats***, qui sont fermés depuis des années, et ***Pocahontas Indian Village*** – un terrain de jeu extérieur thématique. Et finalement, il y a le ***Frontierland Theater***, où vous pourrez assister à un spectacle live de saison, dont le Roi Lion, la Reine des Neiges ou *Forest of Enchantment*.

Big Thunder Mountain

| FP | Oui | 1.02m | Oui | 4 minutes | 90 à 120 minutes |

Selon la légende Disney, *Big Thunder Mountain* et la ville de *Thunder Mesa* ont été découvertes à la fin des années 1800.

Dans cette ville, une voie de chemin de fer avait été construite pour transporter des minerais dans les montagnes. Mais la ville était maudite, et fut ensuite frappée par un tremblement de terre. Ses habitants quittèrent la ville, mais quelques années après, les trains furent aperçus en train de se déplacer tous seuls dans les montagnes.

Les visiteurs peuvent profiter de 4 minutes de parcours dans l'un des trains de la mine. Sur la route, vous pourrez voir des ponts écroulés, ressentir des détonations de dynamite, observer des explosions et bien d'autres surprises dans cette folle aventure !

La majeure partie de l'action se déroule sur une île au milieu du lac, ce qui fait de cette attraction une version unique comparée aux autres parcs Disney.

C'est également la version la plus longue, la plus haute et la plus rapide de tous les *Big Thunder Mountain* du monde, mais ce sont également les montagnes russes qui conviennent le mieux aux familles sur tout le complexe.

C'est l'une de nos attractions préférées du parc, il ne faut pas la manquer.

Phantom Manor

| FP Option payante | N/A | Non | 7 minutes | Moins de 30 mins |

L'histoire de *Phantom Manor* est plutôt sombre : le jour de son mariage, Mélanie attendait impatiemment son fiancé, ne sachant pas qu'un fantôme rôdait dans la maison où elle se trouvait. Le fantôme (le père de Mélanie) attira son fiancé dans le grenier et le pendit. Mélanie attendit son fiancé, mais il n'arriva jamais. Elle ère maintenant dans le manoir, toujours parée de sa robe de mariée. On se balade aujourd'hui dans ce manoir à l'abandon tout en découvrant l'histoire de Mélanie.

Phantom Manor est une attraction à faire impérativement : l'atmosphère, la musique et les détails font partie des meilleurs de tout le site.

L'histoire de cette attraction est unique, même s'il existe des attractions similaires dans les autres parcs Disney.

Après avoir traversé la portion du manoir où se trouve l'entrée et les autres pièces, le visiteur s'installe dans l'un des wagons pour démarrer la partie véhiculée de l'attraction. Les wagons tournent sur eux-mêmes et s'inclinent pour montrer aux visiteurs certains éléments du manoir pendant qu'ils le traversent.

Vous pouvez vous attendre à voir des pianos qui jouent tous seuls, des heurtoirs de porte animés, une séance de spiritisme et des fantômes se rassemblant dans la salle de bal.

Il n'y a rien qui provoque des sursauts dans l'attraction, mais la première partie à pied pourra effrayer certains enfants à cause des effets utilisés et de l'obscurité. L'animatronique (un personnage animé mécaniquement) de la scène du cimetière pourra également effrayer les enfants les plus jeunes. Ces scènes passent néanmoins relativement vite.

Phantom Manor n'est pas une attraction dans le style des labyrinthes d'horreur, où des acteurs vous sautent dessus pour vous faire peur, et comme il n'y a pas de restrictions de taille, elle est accessible à tous les âges. Néanmoins, faites attention avec les plus jeunes.

Si vous n'êtes pas certain que votre enfant sera à l'aise dans l'attraction, essayez de la faire pendant la journée, lorsque l'extérieur du bâtiment a l'air moins imposant. Vous pourriez également regarder des vidéos du parcours sur internet avant de vous y rendre.

Nous vous recommandons également de ne pas aller dans cette attraction en premier, car souvent les enfants qui visitent le *Phantom Manor* dès en début de journée refusent ensuite d'aller dans les autres attractions parce qu'ils ont peur.

Nous vous recommandons particulièrement de vous arrêter à cette attraction, car c'est un vrai classique de Disney, et comme dirait Mélanie : « N'oubliez pas d'apporter votre acte de décès. Nous mourons d'envie de vous avoir à nos côtés. »

Bizarrement, il n'y a pas de possibilité d'avoir de *Fastpass* gratuit pour cette attraction. Seuls les *Fastpass* payants sont disponibles.

Thunder Mesa Riverboat Landing

Prenez le large sur un bateau historique autour de *Big Thunder Mountain* et admirez le paysage de *Frontierland*. Le *Riverboat* permet de changer de rythme et de se détendre loin des foules du parc.

Un certain nombre de sièges sont disponibles, et on peut y écouter l'histoire du bateau de *Molly Brown* retransmise dans les haut-parleurs pendant qu'on navigue sur la rivière, même si le son est assez bas – la plupart des gens se contentent de profiter de l'ambiance.

| FP | Non | N/A | 15 minutes | Moins de 20 minutes |

Astuce : Le *Riverboat* ferme en milieu d'après-midi ou en début de soirée.

Plus d'infos sur *Frontierland*

Tout aussi bien que les grandes attractions présentées ici, profitez des petits détails qui rendent *Frontierland* unique. En arrivant dans *Frontierland* depuis *Central Plaza*, arrêtez-vous au **Fort Comstock**, l'entrée en rondins de bois du *land*. Prenez note des petits détails qui s'y trouvent, et si les marches sont accessibles, alors montez pour accéder à un nouveau point de vue.

Phantom Manor a son propre cimetière à la sortie de l'attraction, nommé **Boot Hill**. Lorsque vous sortez du manoir continuez tout droit pour arriver à *Boot Hill*. Cet espace contient les tombes de plusieurs résidents de *Thunder Mesa*, qui vous raconteront tous leurs histoires ponctuées de blagues et de rimes. Vous pourrez y accéder en grimpant sur la colline à droite de la maison si vous ne souhaitez pas faire l'attraction.

Même les restaurants et les boutiques sont remplis de détails. **The Lucky Nugget Saloon** accueille des musiciens ainsi que d'autres spectacles. Il y a aussi des musiciens au **Cowboy Cookout BBQ**. Ici, jetez un coup d'œil aux chaises – contrairement aux autres restaurants, où tout est uniforme, il y a dans celui-ci de nombreux styles de chaises différentes, car dans le Far West, les gens amenaient leurs propres chaises aux saloons.

Les restaurants

Silver Spur Steakhouse – Service à table. Le *menu Sheriff* entrée + plat (ou plat + dessert) est à 33 €, et le *menu Sheriff* (entrée + plat + dessert) est à 39 € – tous deux sont servis sans boissons. Le menu Cowboy (entrée + plat + dessert) est à 44 €. Les prix des plats principaux sont compris entre 27 et 40 € à la carte. Le menu enfant coûte 19 € avec une boisson et 33 € pour le menu premium. Le menu enfant et le *menu Sheriff* (entrée + plat + dessert) font partie de la Formule repas Plus. Le menu enfant Premium est compris dans la Formule repas Premium.

The Lucky Nugget Saloon – Service au comptoir. Les menus coûtent 22 € pour les adultes et 13 € pour les enfants. Les plats principaux à la carte coûtent entre 15 et 17 €.

Cowboy Cookout Barbecue – Service au comptoir. Le prix des menus est compris entre 14 et 17 € pour les adultes et s'élève à 9 € pour les enfants. Les prix des plats principaux à la carte vont de 7 à 13 €.

Fuente del Oro – Restaurant avec service au comptoir qui sert une cuisine mexicaine. Le prix des menus est compris entre 13 et 17 €. Le menu des enfants s'élève à 9 €. Les plats principaux à la carte se vendent entre 7,50 et 13 €.

Last Chance Café – Service au comptoir. Repas légers à emporter, par exemple un chili con carne vegan et des ailes de poulet pour 7 à 8 €. Il y a également des desserts, de la bière et des boissons froides et chaudes.

Adventureland

Aventurez-vous dans un conte arabe, les Caraïbes ou un temple sorti tout droit d'Indiana Jones.

En plus des attractions citées ci-dessous, vous pourrez explorer **Adventure Isle** (une zone piétonne où l'on trouve des sentiers tortueux, des cavernes, un bateau pirate et un pont suspendu), **Le Passage Enchanté d'Aladdin** (une attraction piétonne où sont représentées des scènes de l'histoire d'Aladdin) ainsi que **Pirates Beach** (un terrain de jeu en extérieur).

Indiana Jones et le Temple du Peril

| FP Oui | 1.40m | Non | 2 minutes | 30 à 60 minutes |

Ces montagnes russes vous emmèneront au cœur d'une aventure archéologique dans le Temple perdu du Péril.

Votre aventure vous permettra de grimper à la recherche de trésor, de chuter et de prendre des virages étroits tout en serpentant autour du Temple. Vous franchirez même un looping à 360 degrés à vitesse élevée, et votre wagon deviendra fou.

De toutes les attractions des parcs Disney du monde, c'est l'attraction pour laquelle la restriction de taille est la plus élevée – 140 cm. Ce sont aussi les premières montagnes russes Disney au monde à avoir proposé un looping. Les wagons allaient même en arrière pendant quelques années, mais aujourd'hui, ils vont de nouveau en avant.

C'est l'une des attractions les plus intenses du site, le looping étant particulièrement serré. C'est également un parcours où l'on est assez malmené.

De toutes les montagnes russes du parc, c'est là que la file d'attente est la plus courte, étant donné que l'attraction est cachée au fond du parc et que la taille minimale empêche la plupart des enfants de moins de 10 ans d'y monter.

De manière générale, c'est une attraction assez brève mais très amusante.

Astuce : Lorsque l'affluence est faible dans le parc, le *Fastpass* n'est pas proposé pour cette attraction.

Astuce 2 : Même si cette attraction provoque parfois de longs temps d'attente, elle est presque toujours déserte après la parade de la journée.

Astuce 3: Cette attraction propose une file *Single Rider*. Adressez-vous aux *Cast Members* (le personnel) à l'entrée de l'attraction.

Pirates of the Caribbean

| FP Non | N/A | 📷 Oui | ⌄ 10 minutes | ⏳ 15 à 45 minutes |

Ohé, matelots ! Mettez le cap sur le monde des Pirates des Caraïbes à Disneyland Paris.

Embarquez dans un bateau et profitez d'un voyage de dix minutes dans un fort envahi par les pirates. Votre bateau grimpera et chutera le long des dénivellations d'un canal. Normalement, vous ne devriez pas être mouillé, mais cela pourrait arriver.

Les personnages audio-animatroniques de l'attraction semblent être vivants, et c'est probablement l'attraction dont le thème a été le mieux réussi du Parc Disneyland. Son caractère minutieux est fantastique ; de la file d'attente aux costumes des *Cast Members* (personnel), de la musique à la scénographie.

Elle est basée sur l'attraction *Pirates of the Caribbean* d'origine du Disneyland californien. *Pirates of the Caribbean* est la dernière attraction que Walt Disney ait supervisé en personne à Disneyland.

En 2017, l'attraction a été rénovée à l'aide de nombreux nouveaux ajouts, donc gardez l'œil ouvert pour repérer les célèbres personnages des films, dont Jack Sparrow, Barbe Noire et Barbossa.

Sachez que la file d'attente pour l'attraction est peu éclairée afin d'introduire l'ambiance désirée dans l'attraction, et que par conséquent, il y fait assez sombre. Cela vous marquera particulièrement la journée, lorsque vos yeux auront besoin d'un moment pour s'habituer à l'obscurité ; il est recommandé de tenir la main de vos enfants pendant toute la durée de la file d'attente.

Le système de remplissage de l'attraction est très efficace, et c'est l'attraction qui a la plus grande capacité d'accueil de tout le parc, mais elle est très appréciée des visiteurs : cela signifie que même si la plupart du temps, le temps d'attente ne dépasse pas 20 minutes, lorsque l'affluence est forte, vous pourriez devoir attendre 60 minutes.

La file d'attente avance presque toujours, et une fois que vous arriverez à l'intérieur, il y aura beaucoup à voir.

L'âge minimum recommandé pour cette attraction est de 12 mois, étant donné qu'il y fait noir et qu'il y a beaucoup de bruit.

C'est vraiment une attraction à faire, qui convient pour toute la famille ; c'est un classique Disney.

Avertissement : Comme la file d'attente de cette attraction est sombre et qu'il y a beaucoup de monde au même endroit, c'est l'un des endroits préférés des pickpockets – surtout s'il y a beaucoup d'attente. Surveillez bien ce qui vous entoure et gardez un œil sur vos affaires.

La Cabane des Robinsons

| FP Non | N/A | 📷 Non | ⌄ 5 minutes | ⌛ Aucun |

Entrez dans le monde de la famille Robinson, pendant que vous explorez leur cabane fabriquée à l'aide du bois de leur bateau échoué. Vous pourrez observer le système complexe de roue hydraulique qu'ils ont construit pour amener de l'eau jusqu'à leur cabane, et explorer la cuisine, les pièces à vivre et les chambres.

C'est une attraction à travers laquelle on marche, et généralement, les enfants aiment l'explorer et grimper les marches.

Plus d'infos sur *Adventureland*

Parmi tous les zones du Parc Disneyland, *Adventureland* est celle qui comprend le moins d'attractions. Néanmoins, elle est remplie de détails incroyables qu'il faudra trouver par vous-même à l'extérieur des attractions. *Adventureland* est construit autour de *Adventure Isle*, *La Cabane des Robinson* étant le point culminant. En plus de cela, assurez-vous bien de monter à bord de **Pirate Galleon**, et d'explorer les cavernes situées sous l'arbre pour découvrir les secrets qui y résident. Il y a plusieurs **grottes** situées autour du bateau – vous y trouverez du trésor, des squelettes et des cascades. Suivez bien les panneaux « **Pont Suspendu** » pour atteindre *Spyglass Hill* et profiter de la vue époustouflante sur le parc. N'oubliez pas de traverser l'instable **Pont Suspendu** et le **Pont Flottant** situé juste à côté des restes du navire de la Famille Robinson.

Les restaurants

Agrabah Cafe – Buffet. Le buffet adulte coûte 36 € avec une boisson. Le buffet enfant coûte 19 € avec une boisson. Les buffets sont compris dans la formule repas Standard.
Captain Jack's – Service à table. Les prix des menus adultes sont compris entre 41 et 57 €. Le prix du menu enfant est de 19 €, le menu enfant premium revenant à 36 €. Certains menus sont compris dans la formule repas Plus – vous pourrez y commander des plats à la carte avec votre formule repas Premium.
Colonel Hathi's Pizza Outpost – Service au comptoir. Les menus coûtent entre 14 et 16 €. Le prix du menu enfant est fixé à 9 €.
Coolpost – Snacks. Hot dogs - 7,5 € ; glaces - 4 à 5 € ; et crêpes - 4 à 5 €. D'autres encas légers sont disponibles, ainsi que des boissons chaudes et froides.
Hakuna Matata – Service au comptoir. Le prix des menus est fixé entre 14 et 17 €. Le menu enfant coûte 9 €. Sert des pizzas, des pâtes et des salades.

Fantasyland

C'est dans le plus magique de toutes les 'lands' du Parc Disneyland que l'on trouve les attractions les plus adaptées aux plus petits.

En plus des attractions dans les pages qui suivent, vous pourrez également visiter **Le Château de la Belle au Bois Dormant**, qui abrite **La Tanière du Dragon** et **La Galerie de la Belle au Bois Dormant**. Ce sont deux attractions piétonnes avec de très jolis détails. *La Tanière du Dragon* comprend un énorme dragon animatronique qui pourra effrayer les enfants.

Astuce : *Fantasyland* ferme une heure avant le reste du parc tous les jours afin de vider les lieux pour préparer le spectacle de feux d'artifice du soir.

Peter Pan's Flight

FP				
Oui	N/A	Non	4 minutes	60 à 90 minutes

Peter Pan's Flight est l'une des attractions les plus populaires de Disneyland Paris. Elle comprend tous vos personnages favoris, est adaptée aux enfants et provoquera également quelques frissons chez les plus grands.

Montez à bord d'un bateau pirate volant et traversez le monde de Peter Pan et le Pays Imaginaire.

Pendant que vous montez, vous apercevrez une scénographie tout autour de vous qui vous permettra de vous replonger dans ce classique.

L'intérieur de l'attraction vous émerveillera dès le moment où vous y pénétrerez ; l'expérience est vraiment immersive.

Il s'agit d'une attraction populaire ; nous vous recommandons de prendre un *Fastpass* pour éviter de faire la queue. Vous pourrez aussi faire cette attraction tôt le matin ou tard le soir, avant la fermeture de *Fantasyland*, ou pendant la parade. Lorsque l'affluence est importante, les *Fastpass* sont épuisés avant midi.

Important : Cette attraction pourra être désagréable pour les visiteurs qui ont le vertige. Le bateau volant donne l'impression de léviter, et parfois, vous vous retrouverez à plusieurs mètres du sol et descendrez de manière assez raide (même si la chute n'est pas trop rapide). Ces sensations pourront surprendre certains visiteurs.

Alice's Curious Labyrinth

| FP: Non | N/A | 📷 Non | ⌄ 10 minutes | ⏳ Aucun |

Vous avez déjà eu envie de vous perdre dans le monde d'Alice au Pays des Merveilles ? Eh bien maintenant, c'est exactement ce que l'on vous propose de faire !

Ce labyrinthe est assez stimulant pour vous garder toujours en alerte. Il est possible de faire des photos dans le parcours.

Une fois que vous avez atteint la fin du labyrinthe, vous aurez la possibilité de retourner dans le parc ou de monter d'abord au Château de la Reine. Y grimper vaut la peine, vous aurez une vue magnifique sur le parc.

Le Carrousel de Lancelot

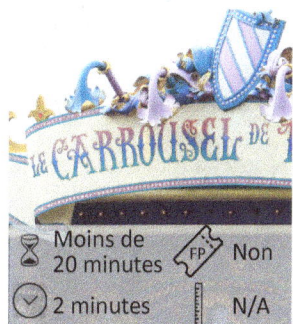

| ⏳ Moins de 20 minutes | FP: Non |
| ⌄ 2 minutes | N/A |

Il s'agit d'un magnifique carrousel vintage où sont alignés des chevaux dorés.

Vous pouvez être sûr que vous partagerez une aventure remplie de joie avec toute votre famille.

Rencontre avec Mickey

| FP: Non | N/A | 📷 Oui | ⌄ 1 à 2 minutes | ⏳ 60 à 90 minutes |

Mickey se prépare en coulisses pour son prochain spectacle de magie, et vous avez la chance de pouvoir le rencontrer. Dans la file d'attente, en intérieur, vous pourrez regarder des courts-métrages projetés sur un grand écran.

Une fois que vous atteignez le bout de la queue, vous entrez dans une pièce où vous pourrez rencontrer la star, bavarder, et lui demander un autographe et des photos.

Vous pourrez prendre vos propres photos ou demander aux *Cast Members* (personnel) présents de vous aider. De plus, il y aura un photographe Disney qui pourra prendre une photo officielle pour vous, que vous pourrez acheter à la sortie de l'attraction.

'it's a small world'

Fait intéressant

Cette attraction comprend plus d'audio-animatroniques que n'importe quelle autre attraction du parc.

| FP Non | N/A | 📷 Non | ⏱ 10 minutes | ⌛ Moins de 20 minutes |

'it's a small world' est l'une des attractions les plus mémorables et populaires du parc, présentant des centaines de poupées chantant une chanson sur l'union dans le monde. Elle est souvent appelée « la maison des poupées » par les francophones.

La mélodie restera gravée dans votre cerveau, nous pouvons vous le garantir.

Les visiteurs embarquent dans un bateau et se baladent lentement à travers la scénographie, représentant les pays du monde, pendant que la chanson de l'attraction est jouée dans différentes langues.

Cette attraction est un grand classique de Disney, elle est à faire impérativement pour de nombreux visiteurs, même si elle n'est basée sur aucune franchise.

Blanche Neige et les Sept Nains

| FP Non | N/A | 📷 Non | ⏱ 2 minutes | ⌛ 20 à 40 minutes |

Revivez le conte de Blanche-Neige dans cette attraction classique remplie de scènes légères, mais aussi de passages plus sombres.

La Reine-sorcière, tout particulièrement, apparaît par surprise dans chaque recoin de l'attraction ; les arbres de la forêt plongée dans l'obscurité ont un caractère inquiétant et les effets de tonnerre et d'éclairs pourront surprendre les jeunes enfants.

Même si l'attraction en elle-même est lente, l'intensité des bruits et le personnage de la Reine-sorcière effrayeront probablement les plus petits.

Mad Hatter's Teacups

| ⌛ Moins de 20 minutes | FP Non | ⏱ 2 minutes | N/A |

Sautez dans une tasse de thé et laissez-vous porter par le tourbillonnement du Chapelier Fou.

L'attraction fonctionne à peu près comme n'importe quelle attraction à tasses de thé dans le monde : il y a une roue au milieu de la tasse que vous pouvez tourner pour tourbillonner encore plus vite. Vous pouvez aussi choisir de ne pas y toucher et de profiter d'un moment plus calme.

Le Château de la Belle au Bois Dormant

Avec ses 50 mètres de haut, *Le Château de la Belle au Bois Dormant* est la pièce maîtresse et le bâtiment le plus iconique du Parc Disneyland.

Lorsque les Créateurs ont conçu le Parc Disneyland, ils savaient que le château devait être unique et différent des châteaux des parcs à thème Disney américains. Le public européen étant habitué à voir des châteaux, et par conséquent, l'icône du parc devait plutôt être inspiré par les contes de fée que par de vrais châteaux.

Le caractère minutieux du bâtiment est époustouflant. On peut même voir de petits escargots sur le haut des tourelles et les arbres devant le château sont taillés selon une forme carrée, exactement comme dans le film *La Belle au Bois Dormant* de 1959.

Mais il est possible de faire plus qu'admirer ce château : les visiteurs peuvent l'explorer. Au rez-de-chaussée, vous pouvez traverser les douves en passant le pont-levis à pied et aller profiter de la magie de l'espace intérieur.

À droite du château, vous verrez un petit puits qui vous permettra de faire un vœu, et où les personnages peuvent parfois se rejoindre.

Derrière le château, vous trouverez **Excalibur**. Essayez de voir si vous arrivez à l'extirper de la pierre ; vous pourriez bien être couronné(e) roi ou reine du royaume.

À l'intérieur du château, vous trouverez deux boutiques dont le thème est unique : admirez la boutique de Merlin le Magicien sur la gauche ainsi qu'une boutique où l'on fête Noël toute l'année sur la droite.

Une fois que vous avez terminé votre shopping, empruntez les escaliers en colimaçon jusqu'au premier étage et assistez à une présentation de l'histoire de *La Belle au Bois Dormant* au travers de **tapisseries d'Aubusson** et de magnifiques **vitraux artisanaux**. Vous pourrez même vous rendre sur un balcon extérieur, où la vue sur *Fantasyland* est incroyable.

Le secret le mieux gardé du château est néanmoins dissimulé. Lorsque vous êtes face à la bâtisse, au lieu d'y entrer en empruntant le pont-levis, prenez le chemin qui se trouve sur la gauche. Cela vous mènera dans un passage sombre puis sous terre, dans *La Tanière du Dragon*.

Vous y apercevrez un énorme dragon animatronique (à l'époque de construction du parc, c'était le plus grand au monde) dans un lieu que l'on ne retrouve dans aucun autre parc à thème Disney dans le monde. Le dragon prend vie toutes les minutes. Vous pourrez également accéder au dragon en passant par la boutique de Merlin.

Dumbo - The Flying Elephant

| FP: Non | N/A | 📷 Non | ⌄ 90 secondes | ⏳ 60 à 90 minutes |

Dumbo est l'une des attractions les plus populaires des deux parcs.

Situé au centre de *Fantasyland*, elle offre un bon point de vue sur la zone environnante et est très amusante.

Prenez place sur le dos d'un des éléphants volants. Devant vous se trouve un levier qui vous permettra de faire monter ou descendre l'animal : vous pouvez voler jusqu'à 7 mètres de haut !

Étant donné qu'il s'agit d'une attraction très appréciée et qu'elle ne peut accueillir que peu de monde, l'attente est longue toute la journée pour cette attraction.

Allez-y pendant la parade, Les Moments de Magie en Plus, ou en début ou fin de journée pour profiter de temps d'attente plus courts.

Les Voyages de Pinocchio

| FP: Non | N/A | 📷 Non | ⌄ 2 minutes | ⏳ 20 à 45 minutes |

Suivez un parcours où l'on vous raconte l'histoire de Pinocchio, et découvrez la légende du livre et du film prendre vie.

Comme dans l'histoire originale, certains moments sombres pourront effrayer les enfants les plus jeunes, même s'ils passent rapidement. C'est bien moins effrayant cependant que l'attraction *Blanche-Neige*, par exemple.

Il ne s'agit pas d'une attraction majeure comme *Peter Pan's Flight*, mais elle attire tout de même des files d'attente de taille modérée, les personnages étant appréciés des visiteurs.

Casey Jr: Le Petit Train du Cirque

| Non | N/A | Non | 2 minutes | 20 à 40 minutes |

Basé sur un personnage de *Dumbo*, *Casey Junior* est un petit train de cirque qui vous permettra de traverser des reproductions de scènes tirés des grands classiques Disney.

Pendant votre parcours, vous frôlerez des châteaux et autres éléments des contes de fées. Pour avoir plus de temps pour observer ces scènes, essayez les embarcations du *Pays des Contes de Fées*, juste à côté.

C'est une excellente attraction pour toute la famille, et même si ce ne sont pas des montagnes russes, cela pourra être un très bon moyen de vérifier si les enfants (ou les adultes) pourront supporter un parcours un peu plus mouvementé, bien que l'attraction reste très calme comparée à d'autres du parc. Notez que les adultes pourront se sentir un peu à l'étroit dans les wagons, l'espace pour les jambes et la tête étant réduit.

Il n'y a aucune restriction de taille. Tout le monde peut donc monter à bord, et personne ne devrait y avoir peur, la vitesse étant réduite.

Malheureusement, l'attraction est souvent fermée ou uniquement ouverte pour des périodes limitées hors saison. Elle ferme également deux à trois heures avant le reste *de Fantasyland*.

Astuce : Les temps d'attente doublent lorsqu'il pleut, étant donné qu'un des trains est supprimé.

Princess Pavilion

| Non | N/A | Oui | 2 minutes | 60 à 90 minutes |

Le Pavillon des Princesses (écrit en anglais sur le plan du parc) vous donne la chance de pouvoir rencontrer l'une des princesses Disney. Bavardez, jouez, demandez un autographe et prenez des photos.

À l'extérieur de l'attraction, il y a un panneau qui vous informera sur l'identité de la princesse que vous pourrez rencontrer, et l'heure à laquelle chaque princesse sera disponible pour vous rencontrer.

Si voir une princesse en particulier est une priorité pour vous, nous vous suggérons de vous rendre au *Pavillon des Princesses* aussitôt que possible, la file d'attente s'y allongeant très rapidement.

Notez que la queue pour cette attraction peut être longue dès le début de la journée, étant donné qu'elle est ouverte pendant Les Moments de Magie en Plus.

Le Pays des Contes de Fées

| FP Non | N/A | 📷 Non | ⏱ 7 minutes | ⏳ Moins de 20 minutes |

Il s'agit d'une attraction agréable et relaxante où l'on navigue dans des embarcations entre des miniatures de contes classiques de notre enfance.

Tout au long de votre voyage, vous pourrez admirer en toute sérénité des scènes, entre autres, de La Petite Sirène, Hansel et Gretel, Blanche-Neige et Le Magicien d'Oz.

Vous entrerez même dans la célèbre caverne d'Aladdin et verrez la lampe du Génie étinceler de mille feux.

C'est un bon moyen de couper le rythme des attractions plus fréquentées du parc, et vous pourrez y prendre de très bonnes photos des maquettes.

Il s'agit d'une excellente attraction pour les très jeunes enfants qui peuvent regarder autour d'eux sans que rien ne soit susceptible de les effrayer.

Si vous souhaitez avoir une vue différente de ces mêmes scènes à un rythme plus soutenu, envisagez plutôt de faire l'attraction *Casey Jr.* situé à côté.

La plupart du temps, cette attraction présente un faible temps d'attente, et il y a beaucoup de gens qui semblent ne pas savoir que cette partie du parc existe.

Cette attraction ferme habituellement deux à trois heures avant le reste de *Fantasyland* et pourra être fermée hors saison.

Les restaurants

Auberge de Cendrillon – Service à table. C'est un restaurant où toutes les Princesses Disney (et leurs princes) sont présentes. Elles réalisent des danses pendant le repas et passent de table en table pour rencontrer les visiteurs. Le prix du menu adulte est de 79 €, tandis que le menu enfant est à 45 €. Ce repas peut être précommandé et prépayé dans le cadre de la réservation d'une formule tout compris Disneyland Paris. Il est également compris dans la formule repas Premium. Le Petit-déjeuner avec les Princesses Disney coûte 49 € pour les adultes et 39 € pour les enfants.
Au Chalet de la Marionnette – Service au comptoir. Le prix des menus est compris entre 14 et 17 €, le menu enfant est à 9 €.
Pizzeria Bella Notte – Service au comptoir. Le prix des menus est compris entre 14 et 17 €, le menu enfant est à 9 €. Sert des pizzas, des pâtes rigatoni et des lasagnes.
Toad Hall Restaurant – Service au comptoir. Le prix des menus est compris entre 14 et 17 €, le menu enfant est à 9 €. Sert du *fish and chips* et des sandwichs au poulet.
The Old Mill – Snack. Sert des gaufres avec/sans chocolat (de 3,80 à 4 €), des chips pour 2,30 €, du gâteau pour 4 €, des glaces entre 3,50 et 4 €, ainsi que des boissons froides et chaudes.
Fantasia Gelati – Snack. Sert des glaces à l'italienne. Entre 3,50 et 4,20 la glace, les boissons chaudes sont à 3 ou 4 €.

Discoveryland

Plongez vers le futur… en vous inspirant du passé. Discoveryland est inspiré d'une vision rétro-futuriste de l'espace et de tout ce qui est au-delà.

Quelques-unes des attractions les plus appréciées et les plus palpitantes du parc se trouvent dans cette zone. En plus des attractions listées ci-dessous, vous pourrez également vous balader tout autour du parc en empruntant le **Disneyland Railroad** à partir de la gare de *Discoveryland Station*.

Star Wars Hyperspace Mountain: Rebel Mission

Hyperspace Mountain est une attraction palpitante, et ce seront probablement vos montagnes russes préférées à Disneyland Paris.

C'est le seul *Space Mountain* au monde à comporter des inversions et des loopings, ainsi qu'un lancement à grande vitesse. C'est aussi le *Space Mountain* le plus grandiose et le plus extrême du monde, la magnifique structure de style *steampunk* étant le clou du spectacle de *Discoveryland*.

En ce moment, cette attraction arbore un thème *Star Wars* ; attendez-vous donc à voir des navires issus des films de la saga pendant que vous décollez vers l'espace, ainsi que des comètes, supernovas, météorites et autres

FP Oui | 1.20m | 2 mins | Oui | 45 à 90 minutes

éléments de *Star Wars* avant d'atterrir à nouveau dans *Discoveryland*. Une attraction à faire absolument pour les amateurs de sensations fortes !

Astuce : Cette attraction comporte une file d'attente *Single Rider*, donc si vous êtes seul ou que cela ne vous dérange pas d'être séparé de votre groupe, alors vous pourrez y recourir pour faire baisser considérablement votre temps d'attente.

Mickey et Son Orchestre PhilharMagique - Discoveryland Theatre

PhilharMagique est un spectacle amusant en 4D pour toute la famille.

Ici vous assistez à l'opéra dans lequel joue Dingo avec l'orchestre philharmonique de Mickey. Mais lorsque Donald arrive, les choses dérapent un peu et vous retrouvez dans une aventure qui vous invite à voyager à travers les classiques de Disney.

En plus de proposer un fantastique film musical, le théâtre est climatisé et met les visiteurs à l'abri de la pluie ; on comprend donc facilement pourquoi cette attraction fait partie de nos favoris.

Il n'y a habituellement pas de temps d'attente, le spectacle étant présenté toute la journée.

Les Mystères du Nautilus

| FP Non | N/A | 📷 Non | ⏱ 5 minutes | ⌛ Aucun |

Explorez le navire du Capitaine Nemo, le Nautilus de *Vingt Mille Lieues sous les Mers*. Cette attraction piétonne aux détails incroyables vous emporte sous le niveau de la mer, au cœur du sous-marin du capitaine.

Cette attraction fantastique est une vraie œuvre d'art et elle comprend plusieurs effets spéciaux, comme une attaque de calamar géant, ainsi qu'un niveau thématique et de détail impressionnants. Néanmoins, il est probable que ce ne soit pas au goût des enfants, étant donné qu'il ne s'agit que d'une simple attraction piétonne.

Sachez que certains effets, comme par exemple la salle des machines, pourront surprendre les plus jeunes. C'est également plutôt sombre dans certaines portions du parcours, même si la lumière reste suffisante pour la plupart des gens.

Fait intéressant : Vous penserez peut-être que vous vous trouvez dans le *Nautilus* de la lagune, l'escalier en colimaçon par lequel vous accédez à cette attraction ayant pour objectif de vous désorienter. Au lieu de marcher vers le bateau, vous marchez en fait dans un long couloir, puis dans un bâtiment situé entre *Autopia* et le *Discoveryland Theatre* – soit à l'exact opposé du *Nautilus*.

Autopia

| FP Non | Dans la description | 📷 Non | ⏱ 5 minutes | ⌛ 60 à 90 minutes |

Montez à bord de l'une de ces petites voitures et allez faire un tour autour de *Discoveryland*.

Autopia est extrêmement populaire auprès des enfants, qui peuvent y conduire une voiture pour la première fois.

Les voitures sont guidées par des rails, donc les visiteurs ne peuvent pas s'égarer, mais les plus petits (et aussi les plus grands) pourront tourner et accélérer sur les rails et faire la « course » avec d'autres. L'attraction est très amusante.

Les visiteurs de moins de 0,81 m ne pourront pas monter. Les visiteurs entre 0,81 et 1,32 m devront être accompagnés par quelqu'un qui fait plus d'1,32 m. Les visiteurs de plus d'1,32 m pourront monter seuls.

Star Tours: L'Aventure Continue

Les fans de *Star Wars* adoreront *Star Tours*, bien que cette attraction puisse être tout aussi amusante pour ceux qui n'ont jamais vu les films. C'est vraiment une attraction incontournable.

Une fois dans la file d'attente, vous entrerez dans une base de lancement intergalactique, avec des publicités pour des destinations variées et entendrez les annonces relatives aux départs des vols.

Pendant que vous avancez dans le terminal, vous verrez des *StarSpeeders* (les véhicules qui assureront votre transport), un poste de contrôle aérien extraterrestre, R2-D2, C3PO, ainsi que de nombreux autres robots qui feront de votre voyage dans l'espace un moment inoubliable.

Vous embarquerez ensuite dans votre *StarSpeeder* pour voyager vers l'une des nombreuses planètes de l'univers *Star Wars*.

Oui | 1.02 m | 5 minutes | Non | 30 à 60 minutes

Avec plus de 50 scènes différentes jouées de manière aléatoire, vous ne pourrez jamais savoir quelle planète vous explorerez lors de votre prochain voyage. Le simulateur a vraiment l'air réaliste, et c'est une attraction fantastique.

Soyez conscient du fait que si vous avez tendance à être malade dans les transports ou que vous n'aimez pas les espaces confinés, vous devriez peut-être passer votre tour.

Astuce : Si vous voulez que votre voyage soit plus tranquille, demandez à être assis sur le rang de devant. Il s'agit du centre du véhicule, ce qui réduit par conséquent le ressenti des sensations. Pour un voyage plus mouvementé, demandez à être assis à l'arrière.

Un lieu permanent de rencontre et d'accueil des personnages de *Star Wars* appelé «StarPort» est disponible devant Star Tours où vous pourrez recontrer Dark Vador.

Orbitron: Machines Volantes

 Non | N/A | Non | 90 secondes | 30 à 60 minutes

Propulsez-vous au-dessus de *Discoveryland* à bord de votre propre vaisseau spatial.

Il s'agit d'une attraction avec des nacelles comme *Dumbo the Flying Elephant* dans *Fantasyland*, sauf que les vaisseaux montent plus haut ici, tournent plus vite et se penchent plus, ce qui rend l'attraction étonnamment palpitante.

C'est très amusant, mais ce n'est pas une attraction à faire absolument, et elle est loin d'être unique.

À noter : L'espace est vraiment étroit pour deux adultes dans un vaisseau, donc essayez d'éviter cela. La place devrait être suffisante pour un adulte et un enfant.

Buzz Lightyear Laser Blast

| FP: Oui | N/A | 📷 Oui | ⏱ 5 minutes | ⏳ 45 à 70 minutes |

Dans cette attraction interactive, une fois que vous serez dans votre *Space Cruiser*, vous pourrez utiliser un pistolet laser pour viser des cibles qui vous entourent – vous aiderez ainsi Buzz L'Eclair à battre l'Empereur Zurg et gagnerez des points.

Pour différentes cibles, vous gagnerez des quantités de points variables, et il y a même des cibles cachées grâce auxquelles vous pourrez marquer des milliers de points bonus.

À la fin de l'attraction, c'est la personne qui a le plus de points qui gagne. C'est une attraction amusante où vous êtes en compétition. Vous pourrez la refaire à l'infini – c'est aussi une excellente aventure pour les familles, aucune taille minimum n'étant requise.

Si vous achetez à la fin une photo prise sur l'attraction, votre score figurera sur la photo !

Astuce : La cible qui permet de marquer le plus de points est située juste devant Zurg – atteignez-la à plusieurs reprises pour obtenir un nombre de points immense.

Les restaurants

Café Hyperion – Service au comptoir. Le prix des menus adultes est compris entre 14 et 17 €, et le menu enfant coûte 9 €.

Les feux d'artifice

Les parcs à thème Disney sont connus pour terminer la journée de leurs visiteurs en éclairant le ciel d'incroyables feux d'artifice. Disneyland Paris ne fait pas exception sur ce point.

Disney Illuminations est le spectacle époustouflant que propose Disneyland Paris à la nuit tombée et qui combine musique, projections, lasers, fontaines ainsi que des feux d'artifice.

De tous les spectacles nocturnes que nous avons pu voir dans les parcs à thème Disney du monde entier, *Disney Illuminations* est l'un des plus impressionnants.

Vous pouvez vous attendre à voir des scènes de *Star Wars*, La Reine des Neiges, Pirates des Caraïbes, La Petite Sirène, Le Roi Lion et du Monde de Nemo.

Disney Illuminations est présenté lieu tous les soirs, à la fermeture du Parc Disneyland. Le spectacle dure 19 minutes. *Main Street, U.S.A.* reste ouvert environ 45 minutes au-delà de l'horaire de fermeture du parc pour faciliter vos achats.

Il existe aussi d'autres feux d'artifice proposés certaines nuits de l'année, telles que celles du 14 juillet et du réveillon du Nouvel An. Ces jours-là, le spectacle démarre avec des feux d'artifice thématiques, suivis de *Disney Illuminations*.

Le Parc Walt Disney Studios propose des projections de nuit sur le Hollywood Tower Hotel, y compris lors des moments particuliers tels que Noël ou la *Saison de la Force*. Il y a également des feux d'artifice la veille du Nouvel An dans ce parc.

Le Lac Disney, à côté des hôtels du site, propose des feux d'artifice à certaines dates autour de Guy Fawkes Night (une fête britannique) et la veille du Nouvel An. On peut accéder gratuitement au Lac Disney.

Astuces pour voir Disney Illuminations

1: Pour avoir le meilleur point de vue possible pour *Disney Illuminations*, nous vous recommandons de vous placer au moins 60 minutes avant le début du spectacle. Certains visiteurs réservent leur place plus d'une heure à l'avance.

2: Trouvez un endroit avec une rambarde devant vous – cela évitera que quelqu'un n'arrive pendant le spectacle et vous bouche la vue. Cela arrive souvent avec les parents qui mettent des enfants sur leurs épaules lorsque le spectacle commence, gâchant la vue de tous qui sont derrière. Les personnes qui filment le spectacle sur leur téléphone peuvent être tout aussi frustrantes.

3: Après le spectacle, seule *Main Street, U.S.A.* reste ouverte. Il y a trois toilettes que vous pourrez utiliser – les premières, qui sont les moins fréquentées, sont situées à côté de la zone de puériculture (Zone J de la carte présentée sur la prochaine page). Les deuxièmes sont situées sous les arcades le long de *Main Street, U.S.A.* Les troisièmes sont au bout de *Main Street, U.S.A* et à droite de l'arrêt du *Disneyland Railroad*, au niveau de *l'Arboretum*.

Guide pour voir Disney Illuminations

Disney Illuminations est tout d'abord un spectacle de projections qui repose tout particulièrement sur la vue qu'offre aux spectateurs le *Château de la Belle au Bois Dormant*.

Même si vous pourrez voir les feux d'artifice depuis tout le parc, vous ne comprendrez pas le fil conducteur du spectacle si vous ne voyez pas la façade du Château et ses projections.

C'est également au niveau de la façade que les lasers, les fontaines et les effets pyrotechniques peuvent être vus.

Nous recommandons de vous placer au niveau de *Central Plaza* (le pôle central du parc) ou le long de *Main Street, U.S.A.* pour un point de vue idéal.

Pour vous aider à décider du meilleur endroit pour voir *Disney Illuminations*, nous avons créé ce guide pratique – notez que nous avons inventé les zones du schéma et qu'il n'existe pas vraiment de délimitation entre les zones quand on se trouve dans le parc.

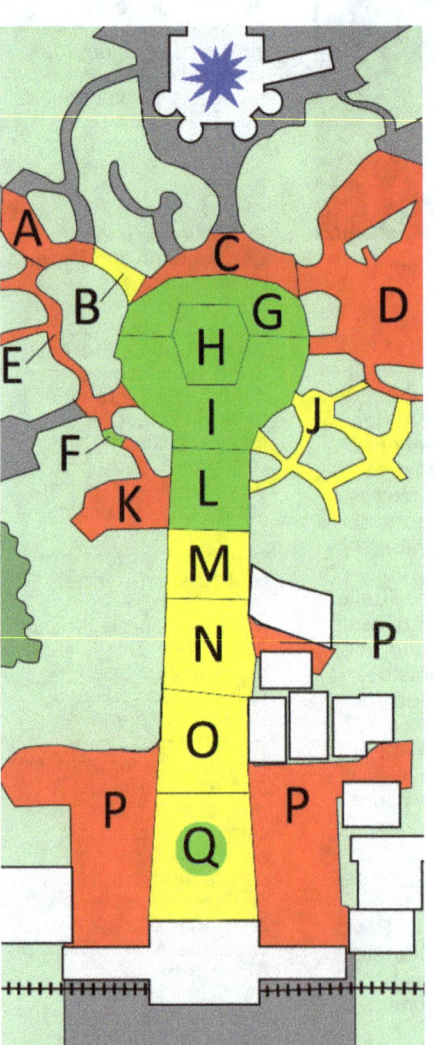

Zone A – Un point de vue extrêmement décentré par rapport au spectacle. Peu fréquenté, mais à utiliser en dernier recours.

Zone B – Un meilleur point de vue vis-à-vis de la Zone A. Peu fréquenté, mais décentré. Acceptable si vous voulez voir le spectacle à la dernière minute d'un angle convenable.

Zone C – Nombreux sont les visiteurs qui choisissant cet endroit. Vous ne verrez pas une partie des feux d'artifice derrière le château, si ce n'est la totalité. Vous serez trop proche du château, les projections n'auront donc pas autant d'effet sur vous, et vous recevrez probablement de l'eau des fontaines.

Zone D – Cette zone est souvent vidée par les *Cast Members* (le personnel) et il est possible qu'elle soit fermée au public. Lorsque la zone est ouverte, le point de vue est loin d'être idéal et il est vraiment décentré.

Zone E – La vue depuis cette zone est obstruée par les arbres. Aucune visibilité.

Zone F – Décentré. À l'arrière et à gauche de la cabine de contrôle de *Disney Illuminations*. Si vous vous mettez près de la rambarde à cet endroit-là, vous aurez une vue fantastique sur le spectacle – cet endroit peut seulement accueillir quelques personnes.

Zone G – C'est là que les visiteurs attendent lorsqu'ils arrivent tôt. Cette zone permet d'avoir un point de vue convenable sur le spectacle, vous verrez tous les feux d'artifice et les effets. Néanmoins, c'est encore trop proche pour vous permettre d'apprécier réellement le spectacle selon nous. Une partie de la zone à gauche de la Zone G est réservée aux personnes munis d'une carte handicapée et leurs accompagnants.

Zone H – Situé pile en face du château et assez loin pour fournir un bon point de vue sur le spectacle, l'emplacement n'est pas idéal, mais il reste très bon.

Zone I – C'est l'un de nos points de vue préférés du spectacle. Il est situé à une distance parfaite du château. Si vous vous mettez près des rambardes qui entourent les parterres de fleurs, vous aurez une vue presque parfaite sur le spectacle. Attention à ce que les gros haut-parleurs et les poteaux électriques ne bloquent pas votre vue.

Zone J – Un point de vue vraiment décentré avec de nombreux arbres, ce qui réduira votre visibilité. C'est un peu mieux l'hiver, étant donné que le feuillage est moins important, on pourra y trouver quelques endroits convenables. Lorsque les arbres ont des feuilles, aux époques plus chaudes, ce n'est pas un endroit correct.

Zone K – La vue est obstruée par les arbres et la cabine de contrôle du spectacle. Aucune visibilité.

Zone L – Une vue excellente ; on est à une distance suffisante du château pour voir tous les effets du spectacle sans non plus avoir l'impression d'être trop distant de l'action. Cette zone est souvent moins fréquentée que la Zone I. Vous serez également plus proche de la sortie du parc.

Zone M, N and O – Ces zones sont situées le long de *Main Street, U.S.A.* et fournissent un point de vue moyen du spectacle. Plus vous vous rapprocherez du château, plus cela vous sera profitable. Ces zones sont habituellement moins fréquentées que les zones les plus proches du château. Il y aura probablement des personnes devant vous avec des enfants sur les épaules.

Zone P – Aucune visibilité.

Zone Q – Les places ici devront être réservées tôt. Vous pourrez vous mettre debout sur la scène de *Town Square* – c'est un espace très limité mais qui permet d'avoir un point de vue en hauteur par rapport aux visiteurs de *Main Street, U.S.A.* Il est difficile d'y percevoir les projections en détail, mais vous aurez une vue unique depuis cet endroit. Mais ce n'est pas là que vous devriez aller la première fois que vous voyez le spectacle. À la fin, vous pourrez sortir directement du parc et éviter la foule.

Les parades

Disney Stars on Parade est le moyen parfait de voir tous vos personnages Disney préférés : ils paradent à travers *Fantasyland*, autour du château et le long de *Main Street, U.S.A.*

La parade a lieu tous les jours et ses horaires varient selon les saisons. Consultez le Programme du parc pour trouver les horaires précis.

Les personnages présents lors de la parade varient selon les jours, mais typiquement, vous pourrez voir environ 50 personnages et chars différents, dont : les personnages de Toy Story, Simba, Nala, Baloo, Mowgli, le Capitaine Crochet, Peter Pan ainsi que les personnages du Monde de Dory. Les autres personnages que vous pourrez voir sont Raiponce, Cendrillon, Blanche-Neige, Anna et Elsa.

Mais ce n'est pas seulement les personnages qui font l'animation : l'un des chars est un dragon qui crache du feu !

L'endroit classique pour regarder la parade est depuis *Main Street, U.S.A.* Si vous choisissez cet endroit, vous devriez réserver votre place jusqu'à une heure avant le début de la parade pour avoir le meilleur point de vue possible.

S'il pleut légèrement ou modérément, la parade n'est pas annulée. Lorsqu'il y a de fortes pluies, ou s'il y a une alerte orage, la parade

pourra potentiellement être annulée ou retardée. Dans ces deux cas, une annonce sera faite à l'heure de début de la parade.

Pendant les fêtes saisonnières, comme le printemps, Halloween ou Noël, de plus petites parades de trois à cinq chars (sous le nom de cavalcades) ont lieu plusieurs fois par jour en plus de la parade principale.

Chapitre Neuf | Le Parc Walt Disney Studios

Le Parc Walt Disney Studios

Le Parc Walt Disney Studios est le deuxième parc à thème de Disneyland Paris, le plus récent également. Dans ce parc, vous pourrez accéder aux coulisses et ressentir la magie des films.

Le Parc Walt Disney Studios a ouvert en 2002 et s'est considérablement étendu au fil des années. De manière générale, il cible les adolescents et les adultes plutôt que les enfants et contient plusieurs attractions à sensations fortes. Bien entendu, vous y trouverez également plusieurs attractions pour les plus jeunes.

Même s'il s'est étendu, vous pourrez difficilement passer toute une journée dans le Parc Walt Disney Studios, le nombre d'attractions étant limité. Disneyland Paris a indiqué qu'étendre le parc et améliorer son offre était une priorité.

Avec 5,2 millions de visiteurs en 2019, le Parc Walt Disney Studios est le quatrième parc à thème le plus populaire d'Europe, même si son nombre de visiteurs représente la moitié de ceux de son grand frère, le Parc Disneyland, situé juste à côté.

Le parc est divisé en cinq zones principales : *Front Lot*, *Toon Studio*, *Production Courtyard*, *Toy Story Playland* et *Backlot*.

LLYWOOD
TOWER
Hotel

RATATOUILLE
AVENTURE TOTALEMENT TOQUÉE
BISTROT CHEZ RÉMY

Front Lot

Quand vous entrerez dans le parc, vous vous trouverez à Front Lot. Il comprend la fontaine Fantasia ainsi qu'une zone couverte avec des boutiques et des restaurants.

Front Lot est l'entrée du Parc Walt Disney Studios et abrite le *Disney Studio 1* – une zone intérieure où l'on trouve des magasins et des restaurants et qui est conçue pour évoquer le *Hollywood*.

Le *Disney Studio 1* est l'équivalent de *Main Street, U.S.A.* du Parc Disneyland. Avec les façades des célèbres bâtiments d'Hollywood ainsi que le matériel de tournage, on découvre qu'il ne s'agit pas seulement d'une reproduction, mais d'un vrai set de tournage conçu pour réaliser des films.

Des divertissements de rue sont parfois proposés ici. Vous pourrez également y faire maquiller le visage de vos enfants (au tarif de 10 à 14 €).

Front Lot abrite également *Studio Services* (les services aux visiteurs) où vous pourrez obtenir de l'aide, déposer une réclamation, laisser un commentaire positif ou demander une carte d'assistance handicapé.

On y trouve également *Shutterbugs*, le studio de photographie du parc.

Une fois que vous avez traversé le *Studio 1*, vous verrez la statue *Partners* avec Mickey et Walt Disney qui se tiennent la main – une excellente occasion pour prendre une photo.

Le *Front Lot* accueille régulièrement des spots photos avec les personnages Disney.

Astuce : Si vous vous restaurez au *Restaurant En Coulisse*, regardez en haut – il y a des places assises à l'étage du dessus, accessibles lorsque l'affluence est importante.

Les restaurants

Restaurant En Coulisse - Service au comptoir, le prix des menus adultes sont compris entre 14 et 17 €, ceux des enfants sont à 9 €. Ce restaurant est situé du côté droit du *Studio 1*, avant les façades des sets de tournage des films célèbres.

The Hep Cat Corner - Snacks, sert des boissons froides et chaudes pour des prix compris entre 3 et 4 € ainsi que des glaces pour 3 à 4 €.

Production Courtyard

Stitch Live!

 Non   N/A   Non   ⌄ 10 minutes   ⧗ Les spectacles sont à des horaires fixes

Entrez dans cette salle de régie particulière et en un rien de temps, un *Cast Member* (membre du personnel) viendra vous mettre en relation, vous et votre groupe de Terriens, avec Stitch, et vous pourrez parler librement avec lui dans l'espace.

Stitch est curieux de savoir comment la planète Terre fonctionne, il vous posera donc des tas de questions étranges pour en savoir plus sur l'endroit où nous vivons.

The Twilight Zone: Tower of Terror

The Twilight Zone: Tower of Terror vous transporte dans la quatrième dimension. Vous pourrez y voir des effets spéciaux incroyables et ressentir ce que cela fait de chuter de 38 m.

Vous grimpez dans un ascenseur de service ; on vous raconte le passé sombre de l'hôtel, puis vous chutez. L'ascenseur descend en chute libre, mais vous tombez plus vite que la gravité : vous serez donc soulevé de votre siège – ne vous inquiétez pas, il y a des ceintures !

En une fraction de seconde, l'ascenseur, alors qu'il est en train de monter, se met à descendre, créant une sensation d'apesanteur.

L'ambiance à l'intérieur est immersive et c'est peut-être le meilleur travail thématique qui ait été réalisé dans tout Disneyland Paris. C'est une attraction amusante, mais c'est surtout une expérience intense qui vous fera crier à coup sûr.

Oui | 1.02 m | 2 minutes | Oui | 60 à 90 minutes

Cars Route 66 (Ouverture prévue en 2020)

 Non   N/A   Non   10 minutes (prévision)   30 à 60 minutes (prévision)

Montez à bord d'un tramway studio pour voir des scènes du film culte de Disney Pixar, Cars.

Dans l'attraction, vous verrez des effets spéciaux et des scènes du film présentées directement devant vous.

Cela devrait être une excellente aventure familiale pour tous les âges.

Une version antérieure de cette attraction a fermé en 2019.

Studio D (Ouverture prévue en 2020)

Un nouveau spectacle qui devrait remplacer *Disney Junior*, qui a fermé en 2019.

Tout ce que Disney a révélé pour le moment est que ce nouveau spectacle devrait « donner aux plus petits l'occasion de chanter et danser avec leurs personnages préférés » dans un décor de fête.

Backlot

Backlot est situé à gauche du parc. Cette zone est en train d'être transformée en un Avengers Campus, qui devrait ouvrir en 2021 avec des attractions, boutiques, restaurants et expériences inédites.

Moteurs, Action! Stunt Show Spectacular

 Non   N/A   Non   40 minutes   Aux heures programmés

Dans *Moteurs, Action!*, asseyez-vous bien confortablement et observez les cascades de film réalisées pour vous – puis apprenez comment elles sont faites !

Cette attraction attire particulièrement les visiteurs et des milliers d'entre eux s'y rendent en même temps, ce qui veut dire que les files d'attente des autres attractions sont plus courtes lorsque le spectacle est sur le point de débuter.

Arrivez environ 30 minutes avant le spectacle pour avoir une bonne place. Asseyez-vous vers le milieu pour avoir une meilleure vue. Plus vous êtes vers le bas, plus vous êtes proche de l'action.

Même si tous les sièges offrent une bonne vue, se rapprocher de l'action rend le spectacle encore plus palpitant.

Toon Studio

Découvrez la magie des dessins animés Disney dans cette zone du parc, dès les classiques de Disney à vos films Pixar préférés.

Crush's Coaster

| FP Non | 1.07m | 📷 Non | ⌄ 2 minutes | ⏳ 90 à 120 minutes |

Voyagez en compagnie de Crush à travers le courant est-australien dans ces montagnes russes rapides et palpitantes.

Crush's Coaster est une attraction unique, et c'est la seule de son genre dans tous les parcs à thème Disney du monde.

Les visiteurs embarquent dans des carapaces de tortue par groupes de quatre, assis dos à dos. L'attraction commence de façon relativement calme avec un parcours scénique, mais le rythme augmente très rapidement alors que les véhicules s'élancent pour la portion de montagnes russes à grande vitesse de l'attraction.

La majeure partie de cette portion se fait dans l'obscurité, avec des effets répartis autour du parcours pour vous donner le sentiment de surfer sur les vagues avec Crush.

Même si l'attraction semble cibler les jeunes enfants, ne vous y trompé pas – il s'agit là d'une aventure rapide et déjantée. Pensez à lire le panneau d'avertissement à l'extérieur.

Certains visiteurs disent qu'il s'agit de l'attraction la plus palpitante de tout Disneyland Paris, elle est donc vraiment à faire pour les amateurs de sensations fortes !

La popularité des personnages et la faible capacité horaire de l'attraction signifie qu'elle connaît régulièrement les files parmi les plus longues de tout le parc, *Ratatouille* étant la seule attraction à la dépasser sur ce point. Cette attraction ne propose pas de Fastpass.

Allez à *Crush's Coaster* tôt le matin ou juste avant la fermeture du parc pour attendre moins longtemps.

Les jours où l'affluence est moins forte, la queue peut tout de même dépasser les 40 minutes, et il n'est pas rare d'y attendre plus de 90 minutes.

Astuce : Une file *Single Rider* est proposée ; le temps d'attente affiché pour celle-ci est souvent exagéré pour que les visiteurs choisissent plutôt la file d'attente standard et que la file *Single Rider* ne s'allonge pas trop.

Astuce 2 : Pendant que vous êtes dans la queue, connectez-vous au réseau wifi avec n'importe quel smartphone pour jouer à un jeu tactile Crush.

Animation Celebration - La Reine des Neiges

 Non   N/A   Non   30 minutes   Horaires programmés

Cette attraction présente un mélange de spectacles, de rencontres et d'autres expériences thématisées autour de La Reine des Neiges.

Les visiteurs se déplacent à travers de trois pièces – la première est décorée comme la cabane en bois où Elsa rejoint Anna et Sven. Puis vous accéderez au Palais de glace d'Elsa où vous pourrez chanter avec elle.

À la fin, vous retrouverez Olaf, que vous pourrez rencontrer et avec lequel vous pourrez prendre des photos.

Cars Quatre Roues Rallye

Allez faire un tour sur la Route 66 avec les personnages du film Cars de Disney Pixar.

L'attraction ressemble beaucoup aux tasses de thé du Parc Disneyland, mais vous tournerez plus vite sur cette version.

Les véhicules peuvent accueillir jusqu'à 2 adultes accompagnés de 2 enfants.

 Non   N/A   90 secondes   Non   30 à 60 minutes

"Mickey et le Magicien" – Animagique Theater

 Non   N/A   Non   30 minutes   Horaires programmés

Remontez le temps en visitant Paris au tournant du XIXème siècle… pénétrez dans l'atelier du grand Magicien, où l'assistant n'est autre que Mickey !

En plus de la star en elle-même, vous apercevrez également la Fée Clochette de Peter Pan, Lumière de La Belle et la Bête, le Génie d'Aladdin, la Fée marraine de Cendrillon, Rafiki du Roi Lion et même Elsa de La Reine des Neiges.

Avec des chansons inoubliables telles que « Libérée, Délivrée » et « Ce rêve bleu », c'est un spectacle immanquable. Pour nous, il s'agit de l'un des meilleurs spectacles que Disneyland Paris n'ait jamais proposé.

Flying Carpets over Agrabah

 Oui   N/A   Non   90 secondes   Moins de 30 minutes

Embarquez sur les tapis volants d'Aladdin et survolez Agrabah. Pendant que vous montez vers le ciel, vous entendrez le Génie vous dire quoi faire dans son mégaphone de réalisateur. L'attraction en assez similaire à *Dumbo* et *Orbitron* (dans le Parc Disneyland) – cependant, cette attraction présente souvent des files d'attente plus courtes.

Vous pourrez y soulever et abaisser votre tapis, et il pourra également se pencher.

Astuce : Il est rare que les machines *Fastpass* soient activées pour cette attraction.

Ratatouille: l'Adventure Totalement Toquée de Rémy

Dans *Ratatouille*, vous embarquerez dans un « ratmobile » et parcourrez les rues de Paris, vous précipitant sur les toitures et dans les cuisines dans une jolie attraction immersive en 4D.

Tout au long du voyage, des lunettes 3D et des écrans géants vous mettront au cœur de l'action.

Vous pourrez sentir l'odeur d'un barbecue, le froid d'un réfrigérateur, et vous pourriez même être éclaboussé une ou deux fois. Des odeurs sont également présentes partout dans l'attraction.

Les véhicules de *Ratatouille* ne suivent pas de rails, ce qui permet de prendre des chemins différents, vous fournissant une expérience unique.

Comme il s'agit de l'attraction la plus récente du parc, attendez-vous à

| FP Oui | 1.02m | 5 minutes | Non | 90 à 120 minutes |

trouver les files d'attente les plus longues des deux parcs réunis, et les *Fastpass* sont vite épuisés – habituellement dans les 30 minutes qui suivent l'ouverture du parc.

Lors de la dernière heure de fonctionnement, un temps d'attente exagéré est souvent affiché pour décourager les visiteurs de faire la queue.

Une file d'attente *Single Rider* est disponible pour cette attraction. Cela réduit souvent le temps d'attente à moins de 30 minutes, et parfois même jusqu'à moins de 15 minutes. Lorsque l'affluence est forte, l'attente de la file *Single Rider* pourra atteindre 60 minutes.

Lorsque vous débarquez de votre « ratmobile » et que vous rendez vos lunettes 3D, jetez un coup d'œil dans le *Bistrot Chez Rémy*, un restaurant où vous êtes réduit à la taille d'une souris.

Dining

Bistrot Chez Remy – Service à table. Sert uniquement des menus. Le Menu Rémy est à 33 € avec une entrée et un plat (pas de dessert), le Menu Émile est à 41 € avec un dessert en plus. Le Menu Linguini est à 49 € avec une entrée et un plat (pas de dessert), tandis que le Menu Gusteau est à 62 € avec un dessert en plus et des choix premium. Le menu enfant est à 19 € et il y a un menu enfant Premium à 35 €. Le Menu Gusteau et le menu enfant Premium sont tous les deux inclus dans la Formule repas Premium. Le menu enfant standard et le Menu Émile sont tous les deux dans la Formule repas Plus. Il est recommandé de réserver à l'avance.

Toy Story Playland

Toy Story Playland vous fait rétrécir à la taille d'un jouet dans le jardin d'Andy.

Toy Soldiers Parachute Drop

| FP Non | 0.81m | 📷 Non | ⏱ 1 minute | ⏳ 60 à 90 minutes |

Embarquez dans l'un des parachutes des soldats verts et préparez-vous à monter vers le ciel puis retomber vers le sol plusieurs fois d'affilée.

Il s'agit d'une attraction familiale amusante et c'est devenu un vrai rite de passage pour beaucoup.

Les files d'attente peuvent être très longues pour cette attraction, donc allez-y tôt.

Astuce : Une file *Single Rider* est disponible.

Slinky Dog Zigzag Spin

| FP Non | N/A | 📷 Non | ⏱ 90 secondes | ⏳ 20 à 45 minutes |

Montez sur Zigzag et amusez-vous à tourbillonner en suivant des cercles de plus en plus rapides.

C'est une attraction qui convient bien aux familles et qui divertira certainement tout le monde, des plus jeunes aux parents.

RC Racer

| FP Non | 1.20m | 📷 Non | ⌄ 2 minutes | ⧖ 90 à 120 minutes |

Montez sur la voiture télécommandée des films *Toy Story* et sentez le vent dans vos cheveux alors que vous parcourez les rails vers l'avant et l'arrière.

L'attraction est amusante et provoquera chez vous un bon rush d'adrénaline. Vous êtes attaché à l'aide d'un harnais se rabattant par-dessus votre tête. Au point le plus haut de l'attraction, vous serez à 24 m de haut, et la sensation de chute libre en arrière est très amusante.

L'attraction a l'air bien plus intimidante qu'elle ne l'est vraiment. Selon nous, les sensations ne sont pas aussi effrayantes qu'elles en ont l'air.

La file d'attente de *RC Racer* est l'une des plus pénibles de tout le parc ; nous vous recommandons par conséquent de l'éviter si l'attente est trop longue, la file avançant très lentement.

Astuce : Une file *Single Rider* est disponible pour les visiteurs qui souhaitent économiser du temps et monter individuellement. Malheureusement, pour y accéder, vous devrez patienter un moment dans la queue standard jusqu'à arriver à l'intersection. En effet, la file *Single Rider* démarre uniquement au milieu de la queue standard.

Pour faire cette attraction, allez-y tôt, la file s'allongeant rapidement.

Feux d'artifice et parades

Les divertissements vivants au Parc Walt Disney Studios se limitent aux spectacles présentés sur scène comme *Mickey et le Magicien* et *Moteurs, Action*, ainsi qu'à des divertissements saisonniers.

Malheureusement, ce parc ne propose pas de parade la journée ou le soir, et il n'y a pas de spectacle ou de feu d'artifice programmés le soir. Pour les feux d'artifice, orientez-vous vers le Parc Disneyland le soir.

Exceptions : Il y a un feu d'artifice pour les visiteurs de ce parc à minuit lorsqu'on passe du réveillon au Nouvel An. Pendant la Saison de la Force et celle de Noël, il y a un spectacle nocturne projeté sur les façades du bâtiment de *The Twilight Zone: Tower of Terror*.

Programmes de Visite

Les plans de visite sont des guides faciles à suivre qui vous permettront de minimiser votre temps d'attente pour les attractions toute la journée. En les suivant, vous pourrez profiter au maximum du temps que vous passez dans les parcs et faire plus d'attractions. Divers plans de visite sont possibles selon vos besoins.

Pour visiter tout le Parc Disneyland, vous devrez y consacrer au moins deux jours. Néanmoins, vous pourrez très bien faire les attractions principales du parc en seulement une journée si vous êtes pressé par le temps. Le Parc Walt Disney Studios peut largement être visité en une journée.

À moins que vous ne vous y rendiez hors saison, il sera difficile de faire les grandes attractions des deux parcs en une seule journée – vous n'aurez pas le temps.

Ces plans de visite ne sont pas fixes : n'hésitez pas à les adapter selon les besoins de votre groupe. Il est important de noter que ces plans se focalisent sur les attractions. Si vous souhaitez plutôt mettre l'accent sur les rencontres avec les personnages ou les spectacles, il sera alors difficile de trouver un programme de visite qui vous convienne. La seule façon de minimiser les temps d'attente pour voir les personnages est d'arriver au parc et d'aller à leur rencontre le plus tôt possible.

Ces plans de visite sont intensifs, MAIS vous pourrez voir et faire beaucoup de choses pendant votre visite. Si vous vous trouvez sur le site pour plusieurs jours, n'hésitez pas à suivre ces plans plus tranquillement. Et si vous ne voulez pas faire une attraction en particulier, passez l'étape en question, mais ne changez pas l'ordre des étapes.

Si une attraction est fermée pour rénovation lors de votre visite, passez l'étape correspondante.

Vous devrez acheter vos tickets à l'avance pour profiter au maximum du temps que vous passez sur place. Si vous devez acheter un ticket le jour même, arrivez au moins 30 minutes avant l'heure de départ recommandée dans ces plans – et même encore plus tôt en pleine saison.

Fait intéressant : Pour minimiser le temps que vous passez dans les files d'attente, il vous faudra souvent traverser le parc d'un bout à l'autre – en effet les attractions sont dispersées pour repartir la foule de manière plus uniforme. Regardez par exemple la manière dont les trois montagnes russes du Parc Disneyland se situent dans trois *lands* différents, et éloignées les unes des autres – la même chose peut être observée dans le Parc Walt Disney Studios.

Parc Disneyland
Plan de visite d'une journée pour les visiteurs disposant des Moments de Magie en Plus

Étape 1 : À 8h15, soyez présent devant les grilles du parc – le parc ouvre à 8h30. Prenez une Carte du parc et un Programme sous les arches de la gare de *Main Street, U.S.A.*

Ces documents listent les horaires des parades, des spectacles, des personnages et des feux d'artifice, ainsi que ceux de la fermeture des attractions. Si vous souhaitez rencontrer des personnages, faites-le maintenant, avant les attractions. Descendez *Main Street, U.S.A*, prenez des photos et allez directement au *Château de la Belle au Bois Dormant*.

Étape 2 : Entrez dans *Fantasyland* et allez faire *Dumbo* en premier, puis *Peter Pan's Flight*. Si une rencontre avec les princesses Disney vous intéresse, alors allez au *Princess Pavilion*. Sinon, poursuivez avec l'étape 3.

Étape 3 : Dirigez-vous vers *Frontierland* et faites *Big Thunder Mountain*.

Étape 4 : S'il n'est pas encore 9h50, faites *Phantom Manor*. S'il est 9h50 ou plus tard, dirigez-vous vers *Discoveryland*, puis allez prendre un Fastpass à *Buzz Lightyear Laser Blast*.

Étape 5 : Faites *Orbitron - Machines Volantes*.

Étape 6 : Le parc devrait maintenant être ouvert à tous les visiteurs. Allez à *Autopia*.

Étape 7 : Faites *Star Wars Hyperspace Mountain*.

Étape 8 : Enchaînez avec *Star Tours: L'Aventure Continue*.

Étape 9 : Utilisez votre Fastpass *Buzz Lightyear Laser Blast*. Si l'heure n'est pas encore arrivée, visitez *Les Mystères du Nautilus*.

Étape 10 : L'heure est venue de retourner à *Fantasyland*. Faites *Les Voyages de Pinocchio* et *Blanche Neige et les Sept Nains*.

Étape 11 : Prenez votre déjeuner.

Étape 12 : Vous avez encore quelques attractions dans *Fantasyland*. Profitez de *Casey Jr., Le Pays des Contes de Fées, 'it's a small world'* et *Le Carrousel de Lancelot*. Faites-les tour à tour, selon l'ordre de votre choix si vous souhaitez toutes les faire. *Casey Jr.* et *Le Pays des Contes de Fées* ferment plusieurs heures avant le reste du parc.

Étape 13 : S'il y a des spectacles lors de votre visite, comme celui du *Roi Lion*, vous pourrez en profiter.

Étape 14 : L'heure de la parade est-elle arrivée ? Celle-ci change selon les saisons. Vérifier les horaires précis dans votre programme. Arrivez 45 minutes en avance, ou même plus tôt encore pour avoir une bonne place sur *Main Street, U.S.A.*

Étape 15 : Beaucoup de gens partent après la parade, il y aura donc moins de monde dans le parc. C'est le moment de se reposer un peu sur un banc pour éviter de trop se fatiguer ou d'aller dans les attractions où la file avancera plus vite. Rendez-vous à *Pirates of the Caribbean*.

Étape 16 : Continuez par *Indiana Jones et le Temple du Péril*.

Programmes de Visite

Étape 17 : Regardez à quelle heure le spectacle nocturne *Disney Illuminations* est présenté. Il ne faut pas le rater !

Selon l'heure de la journée, et l'horaire de fermeture du parc, il est temps soit de regarder *Disney Illuminations*, soit de dîner, ou de faire des attractions piétonnes. Elles n'ont pas de file d'attente. Il s'agit de : *Adventure Isle* et *La Cabane des Robinson*, *Le Passage Enchanté d'Aladin* et *Le Labyrinthe d'Alice* (le labyrinthe ferme bien avant la nuit).

Étape 18 : Choisissez un endroit devant le château ou sur *Main Street, U.S.A.* au moins 45 minutes avant le début de *Disney Illuminations*. Reportez-vous à notre rubrique dédiée (page 66) si vous avez besoin d'aide pour trouver le point de vue parfait. Pour passer le temps, pour notre part, nous aimons prendre un hot dog chez *Casey's Corner*.

Plus d'information...

Deux attractions ne sont pas comprises dans ces plans :

- *Thunder Mesa Riverboat Landing* – Le temps d'attente pour cette attraction ne dépasse jamais 20 minutes ; vous devriez pouvoir trouver le temps de vous y rendre.
- Le *Disneyland Railroad* fait le tour du parc. Il y a quatre arrêts où embarquer, mais l'arrêt de *Frontierland* est le moins fréquenté car relativement caché.

Sachez que ces attractions s'arrêtent de fonctionner bien avant la fermeture du parc.

Disneyland Paris contient également les attractions suivantes, où vous pourrez choisir de vous rendre à un moment ou à un autre :

- *Horse-Drawn Streetcars (Le Tramway)*
- *Main Street Vehicles*
- Les *Liberty* et *Discovery Arcades*

Pour nous, il ne s'agit pas d'attractions à faire absolument, à moins qu'il ne vous reste du temps à occuper.

Ce guide ne prend pas en compte les spectacles, étant donné qu'ils varient tout au long de l'année. Consultez votre programme pour plus d'informations. Assurez-vous d'aller en voir au moins un.

N'oubliez pas non plus d'aller visiter la Galerie qui se situe à l'intérieur du *Château de la Belle au Bois Dormant* (à l'étage) ainsi que *La Tanière du Dragon* au sous-sol. On ne peut plus entrer dans le *Château de la Belle au Bois Dormant* une heure avant le spectacle nocturne *Disney Illuminations*, et c'est d'ailleurs le cas pour toute la zone de *Fantasyland*.

Plan de visite d'une journée sans Les Moments de Magie en Plus – Focus : les attractions pour les enfants

Étape 1 : Arrivez à 9h20 à l'entrée du Parc Disneyland. Entrez dans le parc lors de la pré-ouverture à 9h30. Jusqu'à 10h, vous pourrez faire les boutiques, manger et faire un tour à bord des véhicules de *Main Street, U.S.A.* Prenez un Programme sous les arches de la *gare de Main Street, U.S.A.*, qui vous indiquera les horaires des parades, des spectacles, des personnages et des feux d'artifice, ainsi que ceux de la fermeture des attractions et les horaires du parc.

Étape 2 : Longez *Main Street, U.S.A.*, prenez des photos et allez directement au *Château de la Belle au Bois Dormant*.

Autour du point central du *Château de la Belle au Bois Dormant*, vous trouverez tous les zones du parc – les visiteurs séjournant aux hôtels Disney ainsi que certains détenteurs de pass annuels auront déjà accès au reste du parc à ce moment-là. Restez près du cordon barrant l'accès qui mène vers le château et *Fantasyland*. Ce cordon sera retiré à 10h00 pour que tous les visiteurs puissent passer.

Étape 3 : Prenez un *Fastpass* pour *Peter Pan's Flight*.

Étape 4 : Allez au *Princess Pavilion* pour rencontrer une princesse.

Étape 5 : Allez voir Mickey à *Rencontre avec Mickey*.

Étape 6 : Utilisez votre *Fastpass Peter Pan's Flight* si l'heure est arrivée.

Étape 7 : Prenez un *Fastpass* pour *Buzz Lightyear Laser Blast* dans *Discoveryland*.

Étape 8 : Prenez votre déjeuner.

Étape 9 : Faites *Dumbo*.. Les temps d'attente seront plus importants si vous le faites plus tard.

Étape 10 : Faites *Casey Jr. - le Petit Train du Cirque*.

Étape 11 : Continuez avec *Le Pays des Contes de Fées*.

Étape 12 : Dirigez-vous vers *Pinocchio*, et *Blanche Neige et les Sept Nains* dans *Fantasyland*.

Étape 13 : Utilisez votre *Fastpass* pour *Buzz Lightyear Laser Blast*.

Étape 14 : Réservez-vous une place 45 minutes avant le début de *Disney Stars on Parade* n'importe où sur son chemin. N'oubliez pas de vérifier son horaire dans le programme.

Étape 15 : Faites *Autopia* ou explorez le *Château de la Belle au Bois Dormant*. S'il vous reste beaucoup de temps avant la fermeture du parc, alors faites les deux. *Fantasyland* ferme une heure avant les autres zones.

Étape 16 : N'oubliez pas 'it's a small world' à *Fantasyland*.

Étape 17 : Explorez *Le Alice's Curious Labyrinth* ou montez dans *Le Carrousel de Lancelot*. S'il vous reste beaucoup de temps avant la fermeture du parc, alors faites les deux.

Étape 18 : S'il y a des spectacles prévus à cet horaire, alors c'est le moment idéal pour aller en voir un.

Étape 19 : Faites *Pirates of the Caribbean* dans *Adventureland*.

Étape 20 : Continuez avec *Phantom Manor* dans *Frontierland*.

Étape 21 : Dînez et regardez *Disney Illuminations*. Choisissez un endroit devant le château ou sur *Main Street, U.S.A.* au moins 45 minutes avant le début. Reportez-vous à notre rubrique sur *Disney Illuminations* (page 66).

Note : Si vos enfants veulent une attraction à sensations fortes, *Big Thunder Mountain* dans *Frontierland* est un bon choix, car ce sont les montagnes russes « familiales » du parc et vous n'aurez pas la tête en bas.

Plan de visite d'une journée sans les Moments de Magie en Plus – Focus : les sensations

Étape 1 : Arrivez à 9h20 à l'entrée du Parc Disneyland. Entrez dans le parc lors de la préouverture, à 9h30. Jusqu'à 10h, vous pourrez faire les boutiques, manger et faire un tour à bord des véhicules de *Main Street, U.S.A.* Prenez un programme qui vous indiquera les horaires des parades, des spectacles, des personnages et des feux d'artifice, ainsi que ceux de la fermeture des attractions et les horaires du parc.

Étape 2 : Longez *Main Street, U.S.A.*, prenez des photos et allez directement au *Château de la Belle au Bois Dormant*.

Autour du point central du *Château de la Belle au Bois Dormant*, vous trouverez tous les *lands* du parc – les visiteurs séjournant aux hôtels Disney ainsi que certains détenteurs de pass annuels auront déjà accès au reste du parc à ce moment-là.

Restez près du cordon barrant l'accès qui mène vers *Frontierland*. Ce cordon sera retiré à 10h00 pour que tous les visiteurs puissent passer.

Étape 3 : Faites *Big Thunder Mountain* dans *Frontierland*, immédiatement après l'ouverture du parc.

Étape 4 : Dirigez-vous vers *Star Wars Hyperspace Mountain* dans *Discoveryland*.

Étape 5 : Enchaînez par *Star Tours*.

Étape 6 : Prenez un *Fastpass* pour *Buzz Lightyear Laser Blast* dans *Discoveryland*.

Étape 7 : Allez vers *Indiana Jones et le Temple du Péril* dans *Adventureland*. Vous avez fait toutes les montagnes russes du parc.

Étape 8 : Faites *Pirates of the Caribbean*.

Étape 9 : C'est l'heure de déjeuner.

Étape 10 : Faites *Autopia*.

Étape 11 : Si c'est l'heure pour votre *Fastpass Buzz Lightyear Laser Blast*, utilisez-le ou passez à l'étape 12.

Étape 12 : Faites *'it's a small world'*.

Étape 13 : Prenez un *Fastpass* pour *Peter Pan's Flight*.

Étape 14 : Utilisez votre *Fastpass* pour *Buzz Lightyear Laser Blast* si vous ne l'avez pas encore utilisé.

Étape 15 : Réservez-vous une place au moins 45 minutes à l'avance pour *Disney Stars on Parade* sur *Main Street, U.S.A.* ou n'importe où sur son chemin.

Étape 16 : S'il y a des spectacles qui vous intéressent, alors c'est le moment idéal pour aller en voir un.

Étape 17 : Faites *Phantom Manor*.

Étape 18 : Explorez *Les Mystères du Nautilus* ou d'autres attractions piétonnes comme Le *Passage Enchanté d'Aladdin* ou *La Cabane des Robinson*.

Étape 19 : Utilisez votre *Fastpass* pour *Peter Pan's Flight* et explorez *Alice's Curious Labyrinth*.

Étape 20 : Dînez.

Étape 21 : Choisissez un endroit devant le château ou sur *Main Street, U.S.A.* au moins 45 minutes avant le début. Reportez-vous à notre rubrique sur *Disney Illuminations* pour trouver le point de vue parfait.

Plan de visite du Parc Disneyland sur 2 jours

Si vous souhaitez profiter de tout ce que le Parc Disneyland a à vous proposer en deux jours, suivez le plan d'une journée pour les attractions pour enfant le premier jour. Le jour suivant, suivez le plan d'une journée pour les attractions à sensations fortes. Cela devrait vous permettre de faire toutes les attractions de la façon la plus logique possible.

Si vous passez trois jours ou plus au Parc Disneyland, vous n'aurez pas besoin de suivre nos plans de visite trop strictement. Assurez-vous d'arriver tôt, utilisez des *Fastpass* et visitez les attractions les plus fréquentées en début ou en fin de journée.

Plans de Visite

Le Parc Walt Disney Studios

Important : Il est recommandé aux visiteurs disposant des Moments de Magie en Plus de faire d'abord *Crush's Coaster* puis *Ratatouille*.

Étape 1 : Arrivez à l'entrée du Parc Walt Disney Studios à 9h20. Entrez dans le parc à 9h30, lors de la pré-ouverture. Prenez une carte et un programme du parc lorsque vous entrez dans *Studio 1*. Traversez rapidement *Studio 1* et ne gâchez pas votre temps à le visiter – vous pourrez le faire plus tard.

Étape 2 : Prenez un *Fastpass* pour *Ratatouille*, les *Fastpass* pour cette attraction étant distribués très rapidement.

Étape 3 : Visitez *Toy Story Playland*. Vous pourrez y faire plusieurs attractions. Faites-les dans l'ordre suivant : *Toy Soldiers Parachute Drop*, *RC Racer* et *Slinky Dog*. Surveillez bien l'heure de votre *Fastpass* pour *Ratatouille*.

Étape 4 : Faites *Cars Quatre Roues Rallye* – vous trouverez cette attraction en face de *Crush's Coaster*.

Étape 5 : Dirigez-vous vers *Crush's Coaster*. Le temps d'attente sera long, mais il ne devrai pas raccourcir au fil de la journée.

Étape 6 : Deux heures devraient normalement s'être écoulées depuis que vous avez pris votre *Fastpass* pour *Ratatouille*. Allez prendre un *Fastpass* pour *The Twilight Zone: Tower of Terror*.

Étape 7 : Prenez le temps de déjeuner autour de l'horaire de votre *Fastpass* pour *Ratatouille*. Si l'heure de faire cette attraction est arrivée, faites-la en premier. Sinon, déjeunez puis retournez-y pour utiliser votre *Fastpass*.

Étape 8 : Profitez de l'*Animation Celebration* – consultez ses horaires dans votre programme.

Étape 9 : Faites *Cars Route 66* (ouverture prévue en 2020).

Étape 10 : Continuez par *Flying Carpets over Agrabah*.

Étape 11 : Utilisez votre *Fastpass* pour *Tower of Terror* s'il est l'heure. Sinon, faites cette attraction avant ou après l'un des spectacles encore joués à cette heure-ci.

Étape 12 : C'est terminé pour les attractions. Ce parc est minuscule comparé au Parc Disneyland.

Pour ce qui est des rencontres avec les personnages, il y a quatre spectacles principaux dont vous pourrez profiter. Allez-y selon les horaires annoncés dans le Programme que vous avez pris en début de journée.

Les spectacles sont :
• *Moteurs, Action*
• *Stitch Live*
• *Mickey et Le Magicien*
• *Studio D* (ouverture prévue en 2020)

Le Guide Indépendant de Disneyland Paris 2020

En Dehors des Parcs

Il n'y a pas que les parcs à thème à Disneyland Paris – il y a une grande diversité de choses à faire en dehors des parcs. Après tout, vous êtes à côté de l'une des villes les plus grandes et les plus dynamiques d'Europe. Il est également possible de faire les boutiques et de connaître d'autres aventures à proximité.

Le Disney Village

Le Disney Village est une zone de divertissement située juste à côté des parcs à thème et des hôtels du site. Vous pourrez continuer de vous y amuser dans la soirée après la fermeture des parcs. Cette zone accueille un dîner-spectacle, un cinéma, des restaurants, des boutiques, des bars et bien d'autres choses encore. L'entrée au Disney Village est gratuite.

Divertissement

La légende de Buffalo Bill

Situé à l'entrée du Disney Village, *La Légende de Buffalo Bill* est un dîner-spectacle où l'on retrouve Mickey et ses amis en train de parcourir le Far West. Le spectacle dure 90 minutes et comporte de vrais animaux, des personnages Disney, des acrobaties et de très beaux décors !

Le spectacle constitue une excellente façon de passer une soirée, puisqu'il combine un divertissement et un repas.

Prix :
Pour les adultes, les places de catégorie 1 coûtent 80 €, tandis que celles de catégorie 2 coûtent 65 €. Pour les enfants, les prix baissent de 17 €. En basse saison, il y a une réduction de 10 € pour les adultes et de 5 € pour les enfants. Comparez ces prix à ceux d'une place dans un théâtre de ville ; ici, pour un prix unique, on a droit un spectacle et un repas.

Les places de catégorie 2 sont plus éloignées de l'action que celles de catégorie 1. Les tickets de la catégorie 1 comprennent également un cocktail de bienvenue sans alcool et des friandises avec votre thé ou votre café au moment du dessert.

La nourriture :
Le repas adulte consiste en des cuisses de poulet rôti, des saucisses, des quartiers de pomme de terre, de la crème glacée et des boissons en illimité (bière ou boissons non alcoolisées), ainsi qu'un dessert et du thé ou du café. Il y a un menu enfant séparé. Tous les plats et toutes les boissons sont inclus dans le prix.

Il y a deux spectacles tous les soirs – à 18h30 et à 21h30 – le spectacle est uniquement présenté certains jours de la semaine.

Plus d'informations :
Si vous êtes allergique à la poussière ou aux animaux, ce spectacle est fortement déconseillé.

L'accès n'est pas autorisé aux personnes de moins de 18 ans s'ils ne sont pas accompagnés d'un adulte. L'alcool n'est pas servi qu'aux clients ayant au moins 18 ans – une pièce d'identité pourra être demandé.

PanoraMagique

Élevez-vous dans le ciel dans le plus grand ballon captif au monde – PanoraMagique.

C'est un excellent moyen de prendre des photos du complexe, puisque vous pourrez voir tout ce qui se trouve autour de vous, y compris les deux parcs à thème, le Disney Village et les hôtels du site.

Ce point de vue vraiment unique vous permet d'apprécier la diversité des activités proposées sur le site.

Pour un vol, le tarif est de 15 € pour les adultes et 8 € pour les enfants. Est également disponible une formule repas qui comprend un vol à bord du *PanoraMagique* ainsi qu'un repas à *Earl of Sandwich*.

Notez qu'aucun vol n'est proposé lorsqu'il y a beaucoup de vent ou que les conditions météorologiques sont défavorables.

La Marina

La Marina propose des activités aquatiques, dont des barques, des pédalos, des bateaux électriques ainsi que des *hydrobikes*. Des activités terrestres sont également proposées, telles que des rosalies, qui sont disponibles à la location. Les activités sont payantes et dépendent des conditions météorologiques.

Ces activités sont accessibles de 16h00 à 22h00 tous les jours en pleine saison (vacances scolaires) et les week-ends.

Tarifs :
- *Location d'un bateau électrique* – 20 € pour 20 minutes, 5 personnes maximum par bateau
- *Hydrobikes* – 5 € pour 20 minutes, 1 personne par vélo. Âge minimum : 12 ans.
- *Pédalos* – 10 € pour 20 minutes, 5 personnes maximum par bateau.
- *Rosalie* – 10 € pour 20 minutes sur un véhicule 2 adultes + 1 enfant, ou 15 € pour 20 minutes sur un véhicule 4 adultes + 1 enfant.

Plus de divertissements

- **Disney Stadium** – Situé entre le Disney Store et le *Sports Bar*, au *Disney Stadium*, vous pourrez faire votre sélection parmi divers classiques des jeux vidéo de style arcade et pratiquer l'air hockey. Les jeux coûtent pour la plupart 2 € chacun.
- **Sports Bar** – Se trouver à Disneyland Paris ne signifie pas que vous devriez manquer vos événements sportifs favoris. Allez au *Sports Bar* et regardez des matchs sur un écran géant tout en profitant d'une boisson ou deux et d'un snack. Le *Sports Bar* accueille aussi des sessions karaoké ainsi que d'autres types de divertissements ouverts à tous gratuitement.
- **Billy Bob's** – En plus d'être un restaurant le jour, *Billy Bob's* se transforme en bar et en boîte de nuit la nuit tombée. Les enfants peuvent y entrer à tout moment du jour et de la nuit, excepté pour quelques événements réservés aux adultes. Les *Cast Members* (le personnel) fréquentent souvent ce bar à la fin d'une longue journée de travail dans les parcs – les boissons y coulent à flots et tant les adultes comme les enfants peuvent y danser toute la nuit.
- **Cinéma Gaumont** - Avec 15 salles différentes, dont une équipée d'un écran IMAX, il y aura obligatoirement quelque chose que vous aimerez voir dans ce cinéma. Vous pouvez consulter le programme des diffusions à l'avance sur http://bit.ly/dlpcinema. Les films qui passent en VOST (il n'y en a habituellement qu'un) sont diffusés dans leur langue d'origine avec des sous-titres en français.

Les restaurants

Le Disney Village comporte divers endroits pour se restaurer.

McDonald's – Service au comptoir. Un menu standard coûte entre 8 et 9 €, le menu enfant y étant proposé à 5 €. Sachez que les files d'attente peuvent y être longues si vous n'utilisez pas les bornes automatiques et souhaitez commander directement avec un employé. Les terminaux peuvent facilement être utilisés en plusieurs langues et acceptent les cartes bancaires, mais pas les espèces.

Starbucks Coffee – Service au comptoir. Il faut noter que les prix que propose Starbucks en France sont élevés, et ce café ne fait pas exception. Une boisson chaude ou froide coûte entre 4 et 6 € et les sandwichs 5 €.

Earl of Sandwich – Service au comptoir. Les prix atteignent 7 € pour un sandwich « gourmet » chaud et 8 € pour une salade. Le menu sandwich adulte revient à 11,50 €, le menu enfant étant à 7,50 €.

Un « Menu ballon adulte » est disponible : il comprend un sandwich chaud, des chips, une boisson non alcoolisée ou une bouteille d'eau, un brownie au chocolat ou un cookie et un vol en PanoraMagique. Le « Menu ballon enfant » comprend un mini-sandwich, une boisson non alcoolisée ou une bouteille d'eau, un mini-brownie au

chocolat ou une coupelle de fruits et un vol à bord du PanoraMagique.

Cafe Mickey – Service à table. Le menu adulte coûte 65 €, tandis que le menu enfant coûte 35 € ; tous les deux sont compris dans la Formule repas Premium. Les personnages sont présents à l'heure du dîner.

Annette's Diner – Service à table. Le menu du petit-déjeuner en style américain est proposé au prix de 14 €. Il y a plusieurs menus disponibles toute la journée pour 20, 30 et 37 €. Le menu enfant coûte 18 €. Les prix des plats principaux à la carte sont compris entre 17 et 27 €. Les milkshakes reviennent à 10-11 €. Le menu enfant et le menu adulte à 37 € sont compris dans la Formule repas Plus.

King Ludwig's Castle – Service à table. Vous pourrez y trouver un menu spécial pour le déjeuner (avec un plat du jour) servi jusqu'à 17h00 pour la somme de 15 €. Il y a également des menus standards à 24 et 27 € sans boisson. Les prix des plats principaux à la carte sont compris entre 16,50 et 27 €.

Planet Hollywood – Service à table. Les prix des plats principaux sont compris entre 15 et 33 €. Le menu enfant coûte 12,50 €.

Rainforest Cafe – Un service à table avec une ambiance unique de forêt tropicale. Les prix des plats principaux sont compris entre 19 et 33 €. Le menu avec entrée + plat principal (ou plat principal + dessert) est à 24 €.

The Steakhouse – Service à table. Les menus adultes coûtent 33, 39, 44 et 56 €. Les prix des plats à la carte sont compris entre 27 et 60 €. Le menu enfant coûte 19 €, avec une option premium pour les enfants à 36 €. Le menu enfant standard à 19 € et le menu adulte à 39 € sont tous les deux inclus dans la Formule repas Plus. Les visiteurs qui ont la Formule repas Premium peuvent commander tout ce qui se trouve sur le menu à la carte (ou le menu enfant premium).

New York Style Sandwiches – Service au comptoir et snack. Les menus coûtent entre 10 et 15 €. Le menu enfant coûte 9 €. On y sert également des boissons chaudes et froides ainsi que des glaces.

Billy Bob's Country Western Saloon – *Billy Bob's* est divisé en deux restaurants – le *Bar Snacks*, où l'on propose des snacks et un service au comptoir, et *La Grange*, un buffet tex-mex à volonté. Le menu du *Bar Snacks* coûte 14 € pour les adultes et 8 € pour les enfants. Les prix des plats à la carte vont de 2,50 à 9,50 €. Le buffet de *La Grange* coûte 35 € avec une boisson, et pour les enfants, avec une boisson, il revient à 18 €.

Sports Bar – Service au comptoir et snack. Les snacks y sont servis jusqu'à 23h00. Les sandwichs et les burgers coûtent entre 9 et 11 €. Parmi les autres plats chauds qui y sont servis, on trouve des pâtes à la bolognaise, des hot dogs ainsi que du fish and chips pour des prix compris entre 8 et 11 €. Les pizzas y coûtent entre 12 et 14 €. Un menu Sports Bar adulte coûte 14 €, le menu enfant revenant à 8 €.

Vapiano – Service au comptoir. Des aliments étonnamment frais. Choisissez votre place, puis commandez votre pizza ou vos pâtes à un stand ; votre repas sera préparé devant vos yeux en quelques minutes à l'aide d'aliments frais – c'est notre restaurant à service rapide préféré du Disney Village. Les plats principaux coûtent entre 11 et 14 €.

Five Guys Burgers – Service au comptoir. Les meilleurs burgers de Disneyland Paris selon nous. Attendez-vous à payer entre 6 et 11 € pour un burger. Il faudra ajouter un supplément pour les frites et les boissons.

Shopping

Après votre repas, vous souhaiterez peut-être vous faire plaisir en faisant quelques emplettes. À cet endroit, vous aurez plus de choix que nécessaire, diverses boutiques y proposant des souvenirs.

World of Disney – Si vous allez jusqu'au Disney Village depuis les parcs, ce sera la première boutique que vous verrez. *World Of Disney* est le meilleur endroit où trouver des objets Disney en dehors des parcs à thème. C'est également la plus grande boutique de Disneyland Paris ; l'intérieur est très beau, avec de nombreuses caisses où payer vos achats et une bonne sélection de souvenirs.

The Disney Store – Cette boutique classique est un Disney Store habituel. Ce qui y est unique est la possibilité de créer votre propre sabre laser ou une figurine M. Patate. Vous y trouverez également divers objets Disney plus courants.

Planet Hollywood Store – Retrouvez dans ce magasin des objets de la marque *Planet Hollywood*. Il s'agit principalement du prêt-à-porter.

The Disney Gallery – Dans cette boutique, on trouve des objets de collection telles que des figurines et des tableaux. On peut aussi profiter des kiosques *Disney Art on Demand*, où l'on peut créer une œuvre sur mesure à l'aide d'un écran tactile. Elle est ensuite fabriquée pour être livré chez vous. Avec plus de 200 images parmi lesquelles choisir, il y aura forcément quelque chose à votre goût.

LEGO Store – Il s'agit de la plus grande boutique LEGO en France. Elle comporte différents types de kits LEGO. C'est la boutique parfaite pour ceux qui sont fans de leurs petites briques colorées.

Disney Fashion – Si vous aimez les vêtements Disney, alors ce sera votre paradis.

World of Toys – Cette boutique est l'endroit idéal pour acheter des robes de princesse, des poupées et des friandises.

Rainforest Café Store – L'endroit idéal pour acheter d'objets de la marque *Rainforest Café*.

Paris

Disneyland Paris est situé à environ 35 minutes du centre de Paris en train. Visiter la « Ville Lumière » pourra donc être envisagé pour prolonger votre séjour.

La ville de Paris est remplie de monuments, de musées ainsi que d'une culture et d'une histoire riches. Vous devriez essayer de visiter quelques-uns des points d'intérêts de la ville les plus renommés dans le monde : la Tour Eiffel, le musée du Louvre, le musée d'Orsay, l'Arc de Triomphe, les Champs-Elysées, Montmartre et l'église du Sacré Cœur.

Le prix d'entrée des musées est raisonnable, et les citoyens de la Zone Economique Européenne de moins de 26 ans peuvent entrer gratuitement dans la plupart des musées de la ville. De plus, les visiteurs de moins de 18 ans hors ZEE peuvent également entrer gratuitement en présentant un document d'identité. Il y a même tous les mois une journée gratuite pour tout le monde, peu importe l'âge (le premier dimanche du mois).

Nous vous recommandons de faire une croisière sur la Seine ou une visite en bus, ce qui vous permettra de voir plusieurs monuments à la fois.

Si vous souhaitez visiter plusieurs attractions en profitant des transports en illimité, le Paris Pass peut être intéressant.

Pour vous rendre dans le centre de Paris, prenez le RER A à la gare de *Marne-la-Vallée – Chessy* qui est située à deux minutes à pied des parcs. Une fois que vous êtes dans le centre de Paris, vous pourrez prendre le métro pour aller dans des endroits divers.

Un pass journalier Mobilis est l'idéal pour les transports (au prix de 17,80 € pour les zones 1 à 5). Il permet de voyager de manière illimitée jusqu'à minuit dans les transports en commun de Paris à l'intérieur de la ville et depuis Disneyland Paris.

Disneyland Paris propose plusieurs excursions dans Paris :

• **Excursion « Paris Essentiel »** – Une visite libre où vous aurez du temps pour explorer les lieux par vous-même. Elle comprend un aller-retour en bus depuis Disneyland Paris ainsi qu'une croisière sur la Seine. Les prix sont de 49 € pour les adultes et de 39 € pour les enfants. La visite a lieu de 10h15 à 19h40 (20h30 l'été).

• **Excursion « Royal Versailles & Paris »** – Comprend le transport aller-retour en bus depuis Disneyland Paris, l'entrée au château de Versailles, le transfert jusqu'au centre de la ville et une croisière sur la Seine. L'excursion coûte 117 € pour les adultes et 84 € pour les enfants. Elle démarre à 10h pour terminer à 20h30.

• **Excursion « Paris, une journée sous le signe de Ratatouille »** – Transports aller et retour, visite en bus des points principaux de la ville, croisière pour le déjeuner et vol virtuel. Proposé au prix de 139 € pour les adultes et 119 € pour les enfants. Dure de 9h45 à 19h45. D'autres visites sont également possibles à partir de 69 €.

Val d'Europe

Situé à quelques minutes de Disneyland Paris, Val d'Europe est un nouveau quartier conçu par Disney. Il est doté d'un gigantesque centre commercial.

Il est seulement à un arrêt sur la ligne du RER A de Disneyland Paris (1,95 € pour un trajet, un carnet de 10 tickets est moins cher par trajet). Des trains arrivent toutes les 10 minutes en gare et le voyage prend environ 2 minutes.

Vous pouvez également prendre la « navette hôtel », qui est gratuit et s'arrête près du restaurant *Vapiano* au Disney Village.

Si vous prenez la navette vous sortirez au deuxième arrêt, près de l'Hôtel Adagio. Ces bus sont proposés de façon régulière pendant la journée. Il est également possible de faire ce trajet à pied - cela vous prendra environ 20 minutes (1.6km).

Si vous prenez le RER, faites bien attention à sortir de la station *Val d'Europe* par la sortie où le centre commercial est indiqué.

Quand vous êtes à l'extérieur de la station, tournez à droite et marchez tout droit, puis traversez la route. Le centre commercial sera en face de vous. Notez qu'il ferme lors de certains jours fériés. Les magasins y sont ouverts de 10h00 à 21h00 du lundi au samedi (et ferment à 20h00 le dimanche), les restaurants restants ouverts jusqu'à minuit tous les jours.

Si vous voulez faire des provisions, il y a un hypermarché Auchan dans le centre commercial, ainsi qu'un aquarium *SeaLife* (où l'entrée coûte entre 13,50 € et 21 € par personne) et de nombreuses autres boutiques.

Suivez les panneaux qui mènent vers *La Vallée Village* pour trouver des produits de luxe à des prix réduits.

Villages Nature

Villages Nature est un partenariat entre Disneyland Paris et *Pierre et Vacances*. Il est situé à 15 minutes du site principal de Disneyland Paris et est accessible par le biais des bus du réseau de transports en commun.

Cette nouvelle destination d'écotourisme a été établie autour d'une lagune géothermale. Elle propose un hébergement dans des *bungalows*, plusieurs restaurants ainsi que des divertissements.

Vous pourrez réserver une formule comprenant un séjour à Villages Nature et un ticket pour Disneyland Paris.

L'Aqualagoon (un parc aquatique d'intérieur) abrite des toboggans à eau gigantesques, une piscine à vagues et une lagune extérieure chauffée à 30 degrés Celsius toute l'année. Elle ouvre tous les jours de 10h00 à 20h45.

Sont également proposés des programmes et ateliers éducatifs à la *Ferme BelleVie*. Les *Jardins Extraordinaires* sont un ensemble de quatre jardins paysagers inspirés par les quatre éléments. La *Forêt des Légendes* consiste en un immense terrain de jeu. On trouvera également des parcours d'accrobranche, un bowling, des boutiques, des événements culturels et bien d'autres choses encore.

Si vous n'y séjournez pas, vous pourrez acheter un pass journalier pour visiter cet endroit unique pour 50 € pour les adultes et 40 € pour les enfants. Certains jours, un pass demi-journée est également proposé à un prix réduit et permet d'accéder au parc entre 17h00 et 23h00. Le parking coûte 10 €. L'hébergement est proposé à partir de 225 € pour 2 nuits.

Davy Crockett's Adventure

Si vous aimez les parcours d'aventure, vous allez adorer *Davy Crockett's Adventure* ! On y trouve des balançoires, des trapèzes, des ponts en corde, des échelles ainsi que d'autres éléments à explorer qui feront de ce parcours d'escalade un bon divertissement pour toute la famille.

Cette attraction est située à l'entrée du *Davy Crockett Ranch* – un campement géré par Disneyland Paris et considéré comme l'un des sept hôtels du site. Il est situé à 8 km du site principal.

Cette activité est disponible à certaines saisons – vous pourrez visiter aventure-aventure.com pour connaître les horaires d'ouverture. Les parcours y sont proposés par une société externe, et pas par Disneyland Paris.

Notez qu'il n'y a pas de navette vers le site *Davy Crockett* où cette activité a lieu. Il vous faudra une voiture si vous souhaitez en profiter. Vous pourrez aussi emprunter un taxi.

Le Golf Disneyland

Le Golf Disneyland est un parcours de golf de 27 trous dont les infrastructures n'ont rien à envier aux plus grands. Il est situé directement sur le territoire de Disneyland Paris et est ouvert à tous les visiteurs, qu'ils séjournent dans les hôtels du site ou sans rapport avec Disney. Vous pouvez y louer du matériel de golf, réserver des leçons ou aller au practice.

Le prix d'un parcours 18 trous est de 50 € par personne la semaine et de 75 € le week-end. Le parcours 9 trous revient à 35 et 45 € respectivement. Un tarif réduit pour le parcours 18 trous est disponible pour les moins de 25 ans.

Le parcours de golf est ouvert toute l'année, sauf le jour de Noël et le Jour de l'an. La location d'un kit complet revient à 27 € ; pour un seul club, comptez 5 €.

Un restaurant et un bar surplombent le parcours, et des voiturettes sont également disponibles. Il y a une boutique *Pro Shop* sur le site qui vend divers articles de golf. Des leçons sont aussi proposées.

Pour réserver, vous pouvez envoyer un courriel à dlp.golf.disneyland@disney.com ou appeler le +33 (0) 1 60 45 68 90.

Les visiteurs en situation de handicap

Disneyland Paris est un endroit qui a été conçu pour que tout le monde puisse en profiter, quelles que soient nos capacités mentales ou physiques. Plus de 60 000 visiteurs en situation de handicap visitent les parcs chaque année.

Cartes d'accessibilité

Si votre groupe comprend un visiteur en situation de handicap, arrêtez-vous aux Relations Visiteurs d'un parc le premier jour de votre visite. Dans le Parc Disneyland, il est situé dans *City Hall* (sur la gauche après la gare) et dans le Parc Walt Disney Studios, on le trouve aux *Studio Services* (sur la droite, avant *Studio 1*).

Aux Relations Visiteurs, les visiteurs en situation de handicap (permanent ou temporaire) ainsi que les femmes enceintes pourront demander l'une des deux cartes qui faciliteront leur visite : la Carte de priorité ou le Carte d'accès facilité.

La **Carte de priorité** permet à tous les visiteurs qui ont un handicap permanent et jusqu'à 4 membres de leur groupe d'accéder aux attractions en passant par une entrée spécialement adaptée. Cette entrée permet de moins marcher et de ne pas emprunter d'escaliers. Cela pourra correspondre à la sortie des attractions, l'entrée *Fastpass* ou une autre file d'attente spécialement adaptée. Dans les cas où la file d'attente est adaptée, vous pourrez emprunter l'accès standard. La procédure pour accéder aux attractions variera de l'une à l'autre – pour savoir quelles options d'embarquement sont disponibles à chaque attraction, posez la question à un *Cast Member* (membre du personnel) à l'entrée.

Cette carte ne correspond pas à un accès instantané ; les temps d'attente varient selon le nombre de personnes dans la file prioritaire. Pour recevoir cette carte, la personne en situation de handicap (ou la personne qui l'assiste) devra présenter une pièce justificative ou un certificat médical. Il lui sera également demandé de prouver son identité, et cela pourra aussi être nécessaire à l'entrée des attractions.

Les pièces justificatives utilisées pour prouver un handicap pour les visiteurs français incluent les documents suivants : la carte d'invalidité, la carte mobilité inclusion, la carte mobilité inclusion avec la mention « station debout pénible », la carte d'invalidité des pensionnés de guerre, ou la carte européenne de stationnement pour personnes handicapées.

Pour les personnes provenant d'un autre pays que la France, les documents suivants seront acceptés : une carte d'invalidité, la carte européenne de stationnement pour personnes handicapées ou un certificat médical

(indiquant que la personne a un handicap, en français ou en anglais, signé et estampillé par un médecin et datant de moins de 3 mois).

La **Carte d'accès facilité** est réservée aux visiteurs qui ont des maladies ou blessures temporaires ou incapacitantes (qui n'ont pas mené à une déclaration officielle de leur handicap). La Carte d'accès facilité est également disponible pour les femmes enceintes. Elle fonctionne de la même manière que la Carte priorité et vous donne accès aux attractions par le biais d'une entrée adaptée. Cette carte ne vous permet pas officiellement un accès prioritaire, mais le résultat final est souvent le même qu'avec la Carte priorité.

Un certificat médical est requis pour obtenir cette carte. Ce certificat doit indiquer que la personne en question a une maladie

Les visiteurs en situation de handicap

incapacitante, est temporairement handicapée ou est enceinte (en français ou en anglais) ; il doit être signé et estampillé par un médecin et dater de moins de 3 mois. Une seule personne peut accompagner la personne concernée sur les attractions, à moins de détenir une carte de priorité familiale, auquel cas tous les auxiliaires cités sur la carte pourront accompagner la personne en situation de handicap.

Informations supplémentaires :
Lorsqu'une personne handicapée se présente aux Relations Visiteurs pour demander une Carte priorité ou une Carte d'accès facilité, on leur pose des questions pour déterminer leur niveau de handicap et quelles attractions leur seront accessibles. Par exemple, une personne étant dans l'impossibilité de passer d'un fauteuil roulant au véhicule de l'attraction ne pourra pas aller sur *Pirates of the Caribbean*.

En plus de la carte en elle-même, on vous donnera une copie du Guide d'accessibilité avec des informations détaillées sur chaque attraction. Vous pourrez également le consulter à l'avance sur www.bit.ly/dlpaccessibilite avant votre visite.

Certaines attractions requièrent que les visiteurs dotés de Cartes priorité ou d'accès facilité (et sujets à certains handicaps en particulier) réservent à l'entrée de l'attraction et reviennent plus tard. Pour rencontrer des personnages dans des lieux spécialement prévus à cet effet, il faut normalement passer par un système de réservation, et il y aura un *Cast Member* avec chaque personnage qui pourra vous aider à réserver un créneau horaire.

Certaines attractions pourront ne pas être accessibles aux visiteurs qui ont certains handicaps. Dans ce cas, les membres de la famille ne pourront pas utiliser la carte à la place de la personne handicapée – ils devront emprunter la file d'attente standard, *Single Rider* ou *Fastpass*.

Certains handicaps pourront nécessiter que la personne handicapée soit accompagnée sur l'attraction. Certaines attractions ne seront pas accessibles aux femmes enceintes pour leur sécurité et on leur refusera poliment l'accès.

Options pour ceux en situation de handicap

Visiteurs malentendants :
Les points d'information des parcs ainsi que certaines attractions du Parc Walt Disney Studios sont équipés de boucles à induction magnétique pour aider les visiteurs. Ces attractions sont : *CinéMagique Theatre, Animagique Theatre, Studio D, Stitch Live!* et *The Twilight Zone: Tower of Terror*.

Visiteurs à mobilité réduite :
Les *Cast Members* (le personnel) ne peuvent pas escorter les visiteurs en situation de handicap pour qu'ils se rendent aux attractions. Bien entendu, ils leur fourniront des renseignements sur le chemin à prendre et les aideront à l'intérieur des attractions.

Certaines attractions demandent à ce que les visiteurs en situation de handicap soient en mesure de passer de leur fauteuil au véhicule de l'attraction en question. Dans ce cas, les personnes en situation de handicap devront être accompagnées au moins d'un adulte non handicapé (de plus de 18 ans). Les *Cast Members* ne pourront pas aider les visiteurs à transférer dans le véhicule de l'attraction, ou inversement. Pour certaines attractions, les visiteurs doivent pouvoir marcher.

Dans le Parc Walt Disney Studios, toutes les files d'attente sont accessibles aux personnes en fauteuil roulant ; c'est également le cas pour *Buzz Lightyear Laser Blast, Princess Pavilion* ainsi que *Rencontre avec Mickey* dans le Parc Disneyland. Pour les attractions où ce n'est pas le cas, une Carte priorité permettra aux visiteurs de passer par une entrée séparée.

Une zone délimitée est disponible pour les visiteurs en fauteuil roulant pour la parade, *Disney Illuminations* et les spectacles sur scène.

Tous les toilettes comportent des blocs accessibles aux visiteurs à mobilité réduite.

Des toilettes unisexes sont disponibles dans toutes les zones du Parc Disneyland. On en trouve également à *Moteurs... Action!* dans le Parc Walt Disney Studios pendant les représentations.

Toutes les boutiques et les restaurants avec service à

table sont accessibles aux personnes à mobilité réduite. Concernant les restaurants avec un service au comptoir, posez la question à un *Cast Member* si vous avez besoin d'aide.

Une navette accessible aux personnes à mobilité réduite est disponible pour faire la liaison entre tous les hôtels Disney (à l'exception du *Davy Crockett Ranch*) et les parcs à thème. Adressez-vous à la réception de votre hôtel, au bureau *Disney Express* de la gare de *Marne-la-Vallée – Chessy*, ou aux Services Visiteurs des parcs pour plus d'informations et pour réserver ce service gratuitement.

Les hôtels comportent tous des chambres adaptées aux besoins des visiteurs en fauteuil roulant. On y trouve une salle de bain de grand taille avec une baignoire, des rampes et un siège de toilette surélevé. De plus, les visiteurs pourront louer un siège pour les aider à se laver sans assistance (à demander lors de votre réservation). La porte d'entrée de ces chambres comporte un judas à une hauteur accessible pour les personnes en fauteuil. Dans les salles de bain du *Davy Crockett Ranch*, du *Sequoia Lodge* et de l'*Hotel Santa Fe*, il y a des douches adaptées.

Visiteurs malvoyants :
Dans certaines attractions, l'une des personnes qui vous accompagne devra peut-être vous décrire ce qui vous entoure. Certaines attractions et zones du parc sont peu éclairées.

Dans les hôtels, Disney recommande aux visiteurs malvoyants d'informer la réception de leur handicap visuel lors de leur arrivée. Un *Cast Member* montrera leur chambre aux visiteurs concernés et leur fera visiter le reste de l'hôtel afin qu'ils puissent s'y retrouver par eux-mêmes. Des téléphones et télécommandes équipés de boutons de grandes taille et des clés de chambre comportant du braille pourront être demandés lors de votre réservation ou lors de votre arrivée.

Chiens-guides :
Les chiens-guides et d'assistance sont autorisés à entrer dans le parc et à accéder à certaines attractions. Sur les attractions où les chiens ne sont pas autorisés, ils devront être confiés à un auxiliaire. Les chiens ne pourront pas être laissés sans surveillance ou avec un *Cast Member*. Les visiteurs malvoyants devront être accompagnés sur certaines attractions. Si vous venez avec un chien-guide, vous devrez être accompagné d'au moins deux auxiliaires – un pour accompagner le visiteur, et l'autre pour s'occuper du chien.

Allergies alimentaires :
Disneyland Paris propose des repas sans allergènes dans certains restaurants. Nous vous recommandons de prévenir votre hôtel afin qu'un petit-déjeuner sans allergènes puisse être préparé pour vous. Lorsque vous réservez dans un restaurant avec service à table, indiquez vos allergies. Consultez le guide des allergènes de Disneyland Paris sur bit.ly/dlpallergiesfr.

Autres informations :
Les *Cast Members* pourront vous refuser l'accès à certaines attractions pour votre sécurité ou d'autres raisons. Certaines attractions n'acceptent les personnes en situation de handicap qu'à certains moments pour des raisons relatives à la sécurité et à la loi. Dans ces cas-là, l'attente pour un visiteur en situation de handicap sera tout aussi longue, ou même plus longue que celle de la file d'attente standard.

Les visiteurs qui prennent des médicaments qui doivent être gardés au frais pourront les laisser aux centres de premiers secours des deux parcs ou du Disney Village.

Pour des raisons de sécurité, tous les visiteurs qui ont une mobilité réduite ou un handicap visuel, des troubles cognitifs ou mentaux, des troubles du comportement ou du spectre autistique ou un trouble de l'apprentissage doivent être accompagnés d'au moins une personne non handicapée de plus de 18 ans pour les assister. Certaines attractions autorisent les auxiliaires à accompagner plusieurs personnes en situation de handicap (vous trouverez plus d'informations à ce sujet dans le Guide d'accessibilité des parcs Disney).

Certaines attractions pourront comporter des endroits où la luminosité est faible, des flashs de lumière ou des effets sonores de niveau élevé, des chutes ou encore d'autres effets. Les accompagnants doivent toujours prêter attention à ces facteurs lorsqu'ils préparent leur visite et devront lire les informations relatives à la sécurité qui sont mises à disposition à l'entrée de chaque attraction ainsi que dans le Guide d'accessibilité des parcs Disney.

Les Saisons et L'avenir

Toute l'année, Disneyland Paris fait des propositions inédites à ses visiteurs, avec des événements saisonniers et spéciaux qui célèbrent des traditions telles que la Saint Patrick, Halloween et Noël. Cette rubrique les explore tous. Nous conclurons ensuite en nous intéressant à l'avenir du complexe.

Légendes de la Force – Une Célébration Star Wars

Du 11 janvier au 15 mars 2020

La saison des *Légendes de la Force* revient à Disneyland Paris en 2020. Parmi les événements proposés, on trouve :

Le spectacle nocturne "Star Wars: la Célébration Galactique" – Accédez au Parc Walt Disney Studios pour un spectacle sensationnel devant le *Hollywood Tower Hotel*. Des projections lumineuses, effets spéciaux et personnages transformeront l'obscurité en des scènes phénoménales issues de la saga Star Wars. Ce spectacle à 360 degrés vous permettra une « parfaite immersion » dans l'univers *Star Wars*.

Attendez-vous à voir Chewbacca, R2-D2, Kylo Ren, Dark Maul et Dark Vador lors de ce spectacle.

Le spectacle sur scène "Légendes d'une galaxie lointaine, très lointaine" – La Force n'a jamais été aussi puissante que lors de ce spectacle incroyable produit sur scène pendant la journée et illuminé de scènes époustouflante de la saga Skywalker avec des personnages légendaires tels que Chewbacca, BB-8, Kylo Ren et Rey.

Dark Vador et la Marche Impériale des Stormtroopers – Détendez-vous et observez de vos propres yeux l'aspect frappant du Capitaine Phasma alors qu'il dirige son bataillon de stormtroopers pour une démonstration légendaire du pouvoir galactique à la poursuite d'espions rebelles.

Une rencontre avec le légendaire Chewbacca – Et Rey pourra également l'accompagner.

Festival Gallois de la Saint David

Du 6 au 8 mars 2020

Cette mini-saison de trois jours est habituellement célébrée dans *Frontierland* dans le Parc Disneyland.

Pendant ces célébrations, Disneyland Paris invite habituellement des chanteurs traditionnels gallois, par exemple un chœur, à se produire plusieurs fois par jours pendant le festival.

Grâce à de la musique traditionnelle, un marché d'artisanat, de la nourriture et des boissons traditionnelles, une offre de maquillage ainsi que des feux d'artifice tirés spécialement pour la Saint David, ce festival est un événement amusant et unique.

Fête de la Saint-Patrick

Le 17 mars 2020

Comme le festival de la Saint David décrit à la page précédente, cette célébration de la culture celtique a lieu dans *Frontierland* au Parc Disneyland.

Les visiteurs pourront profiter de musique traditionnelle, d'occasions de prendre des photos, d'apparitions de personnages et de feux d'artifice tirés spécialement pour la Saint Patrick.

La Disneyland Paris Princess Run

Du 8 au 10 mai 2020 (Annulé pour 2020 à cause du Covid-19)

Cet événement comprend :

- **Une course de 5 km** (le 9 mai 2020) – Une course dès 7h00. La course traverse les deux parcs Disney. À partir de 5 ans.
- **Une course de 8 km** (le 10 mai 2020) – Une course dès 7h00. La course traverse les deux parcs Disney. À partir de 9 ans.
- **Courses des enfants** (le 9 mai 2020) – Des courses pour les enfants de moins de 12 ans. Il y a des courses de 100 m, 200 m et 1 km.

Les tarifs pour la participation aux courses sont les suivants : 52 € pour la course de 8 km, 43 € pour la course de 5 km et 16 € pour la course des enfants. Un *Photopass* est disponible pour les courses pour des prix compris entre 29 et 45 €, tandis que le *Photopass* « course plus parc » est proposé à 79 €.

Le Disneyland Paris Run Weekend

Du 24 au 27 septembre 2020 (Annulé pour 2020 à cause du Covid-19)

Cet événement comprend :
- **Course de 5 km** (25 sept 2020) – Une course dès 20h00. À partir de 5 ans.
- **Courses des enfants** (26 sept 2020) – Des courses pour les enfants de moins de 12 ans. Elles s'étendent sur 100 m, 200 m et 1 km.
- **Course de 10 km** (26 sept 2020) – Cette course de 10 km a lieu exclusivement sur les terrains de Disneyland Paris ; des personnages suivent la course.
- **Semi-marathon** (27 sept 2020) – Ce semi-marathon de 21,1 km commence à 7h00. Il traverse les deux parcs à thème Disney, les hôtels, ainsi que les villages situés aux abords des parcs. Des personnages Disney sont postés partout sur l'itinéraire de course. Le semi-marathon est ouvert aux personnes âgées de 18 ans et plus, et un certificat médical est requis.
- **La RunDisney Health & Fitness Expo** – Tous les jours dans la *Disney Events Arena*. Les participants peuvent y obtenir leur t-shirt de course, leur dossard de course ainsi qu'un sac pour leurs affaires. On y trouve également, à disposition de tous, des vêtements de sport, des chaussures, des lunettes, des gadgets et des produits nutritionnels.

L'Expo comprend une *Speaker Series* où des coureurs célèbres se tiennent des séminaires sur l'entraînement, la pratique de la course et la diététique avec des intervenants et des experts du secteur sportif.

Les participants aux courses reçoivent une médaille pour chaque course qu'ils terminent, ainsi que des rafraîchissements pendant et après leur course. Des médailles spéciales seront disponibles pour ceux qui font plusieurs courses.

Des formules de voyage tout compris sont vendues, elles correspondent à un séjour à l'hôtel, des tickets pour les parcs et de la participation à une course.

Les prix 2020 pour les courses uniquement sont les suivants : 77 € pour le semi-marathon, 60 € pour les 10 km, 43 € pour les 5 km et 16 € pour la course des enfants.

La Saison d'Halloween

Octobre 2020

La saison d'Halloween à Disneyland Paris est l'une des célébrations la plus élaborées l'année.

Les informations suivantes sont valables pour la saison d'Halloween de l'année dernière (2019). Certains événements pourront ne pas être reproduits pour la saison de 2020 et de nouveaux événements pourront être ajoutés, mais ce programme vous permettra de savoir à quoi vous attendre, Halloween restant assez similaire d'une année sur l'autre.

Disney publie habituellement le détail de la saison environ six semaines avant l'événement.

Spectacle – Observez les Méchants Disney évoluer dans ce spectacle présenté sur la scène du *Théâtre du Château*.

Décorations, nourriture et souvenirs – *Frontierland* et *Main Street, U.S.A.* sont envahi par des décorations de fantômes que vous pourrez prendre en photo. Les personnages Disney arborent également des costumes thématiques d'Halloween. Sont disponibles des souvenirs thématisés Méchants Disney et des menus spéciaux inspirés par Halloween.

Rencontres avec les personnages – Restez à l'affût des rencontres avec les personnages Disney dans leurs plus beaux atours d'Halloween.

La Parade Célébration Halloween de Mickey – Faites-vous plaisir avec les ensorcellements de Mickey, vedette du char « Le Manoir aux Illusions de Mickey » dans cette cavalcade d'Halloween diaboliquement fantastique. Les personnes de tous âges se mettront dans l'ambiance d'Halloween pendant que les personnages Disney paradent le long du Parc Disneyland dans des tenues automnales qui vous impressionneront. Vous tomberez sous le charme !

La soirée Halloween de Disney (informations de 2019) : Le 31 octobre, entre 20h00 et 2h00 du matin, cet événement propose à toutes les personnes munies d'un ticket spécifique des divertissements effrayants.

La plupart des attractions du Parc Disneyland restent ouvertes pendant l'événement et les visiteurs pourront porter des costumes d'Halloween (offre sujette à restrictions).

L'entrée coûte 69 € pour la soirée du 26 octobre et 79 € pour celle du 31 octobre pour les visiteurs âgés d'au moins 3 ans. Les enfants de moins de 3 ans entrent gratuitement. Les visiteurs munis de leur ticket pourront entrer à partir de 17h00.

Des divertissements uniques seront proposés pendant la soirée, dont des rencontres avec des personnages, des spectacles spéciaux et de nombreuses animations exclusives.

Pour 2020, nous n'avons pas d'informations concernant le maintien ou non de la soirée Halloween à cause du Covid-19.

Les Feux Magiques de Disney

Les 4, 6 et 9 novembre 2020

Observez le ciel nocturne du Lac Disney pendant que des feux d'artifices sont projetés dans les airs accompagnés de musique pour célébrer *Guy Fawkes Night* (une fête britannique). Le spectacle dure environ 20 minutes.

Le Lac Disney est situé près des hôtels Disney – aucun ticket pour le parc n'y est requis et l'entrée est gratuite.

Le Noël Enchanté Disney

De la mi-novembre 2020 à début janvier 2021

Pour l'époque la plus magique de l'année, assurez-vous de vous arrêter un moment à Disneyland Paris. De la neige, des personnages magiques et des expériences inoubliables y sont garantis tous les jours.

Les informations qui suivent correspondent à la saison de Noël 2019. Habituellement, les saisons de Noël ne changent pas énormément d'une année à l'autre ; vous pourrez donc vous attendre à des célébrations du même acabit pour la saison de Noël 2020. Les informations relatives à la saison 2020 ne seront pas dévoilées par Disney avant septembre 2020 au plus tôt.

Partout où vous irez, le parc sera rempli de touches qui vous rappelleront Noël. Dès *Main Street, U.S.A*, vous pourrez admirer un sapin de Noël géant, des bonhommes de neige à chaque coin de rue ainsi qu'une abondance de

guirlandes et de boules de Noël.

Spectacle : Mickey et le Big Band de Noël – Rassemblez vos amis et votre famille et dirigez-vous vers l'*Animagique Theatre* du Parc Walt Disney Studios pour cet épatant spectacle de claquettes de *Broadway*. Mettez-vous dans l'ambiance avec des morceaux classiques de Noël – tout cela rythmé par un célèbre batteur aux grandes oreilles.

Spectacle : Une valse de conte de fées avec les princesses Disney – Rendez-vous au *Théâtre du Château* du Parc Disneyland avec toute votre talent et valsez avec les princesses sous un ciel étoilé – un bal de Noël magique donné par les rois et reines de Disney. Observez le plus grand rassemblement de couples royaux Disney – dont Belle, Cendrillon et Aurore – tournez, dansez et déployez majestueusement vos plus beaux mouvements sur la piste de danse.

Spectacle : Une surprise

pour Mickey – Savez-vous garder un secret ? Mickey a prévu une surprise de Noël très spéciale pour la plus grande fête de souris au monde. Et vous êtes invité !

La Parade de Noël de Disney – Cette parade thématique traverse *Fantasyland* et *Main Street, U.S.A.* Jusqu'au jour de Noël, on peut y apercevoir le Père Noël. La parade habituelle *(Disney Stars on Parade)* a également lieu une fois par jour pendant la saison de Noël.

Mickey et la Magie des lumières de Noël – Tous les soirs, à la tombée de la nuit, le célèbre arbre de Noël du parc prend vie grâce à l'aide de Mickey, Minnie et du Père Noël pour une cérémonie de lumières.

Rencontres avec les personnages – Vous pourrez rencontrer le Père Noël et Mickey à l'attraction *Rencontre avec Mickey*. Vous y trouverez deux files d'attente – une pour les photos avec Mickey et une autre pour les photos avec le Père Noël. Vous aurez également l'occasion de rencontrer Marie des Aristochats, Picsou, Panpan et Miss Bunny, ainsi que d'autres personnages dans tout le parc !

Dîners spéciaux – En Europe, le réveillon de Noël et du Nouvel An sont très importants dans les familles. Par conséquent, les dîners proposés ces jours-là sont exceptionnels.

Pour le réveillon de Noël, les prix varient entre 129 et 259 € pour les adultes. Le jour de Noël, il y a un déjeuner spécial en 4 parties pour environ 180 € pour les adultes. Pour les repas du réveillon du Nouvel An, les prix sont compris entre 119 et 299 € pour les adultes.

Vous pourrez obtenir des informations plus complètes sur ces repas par téléphone.

Selon nous, les prix pratiqués sont prohibitifs : avec une famille de quatre personnes, vous dépenseriez au moins 400 € pour un seul repas. Nous vous recommandons plutôt de manger dans l'un des restaurants à service rapide pour éviter ces prix exorbitants (ou dans un restaurant avec service à table pour un déjeuner tardif).

Vous pourrez aussi faire votre sélection parmi l'un des restaurants avec service au comptoir qui ne propose pas de repas spécial, ou manger dans l'un des quelques restaurants du Disney Village. Les réservations sont fortement recommandées.

Le réveillon du Nouvel An

Le 31 décembre

Fêtez le commencement d'une nouvelle année à Disneyland Paris.

C'est habituellement un des jours où il y a le plus de monde sur le site alors attendez-vous à ce que les parcs à thème atteignent leur capacité maximale avec des temps d'attente extrêmement longs pour toutes les attractions.

Si vous arrivez à supporter cela, alors vous pourrez profiter des feux d'artifice du Parc Walt Disney Studios ou du Lac Disney (aucun frais d'entrée pour ce dernier).

Le Parc Walt Disney Studios est ouvert jusqu'à 1h00 du matin.

Tous les divertissements spéciaux de Noël ont encore lieu à cette date et se poursuivent jusqu'au début du mois de janvier.

La *Fête du Réveillon du Nouvel An : Disneyland Paris* promet une soirée prestigieuse remplie de surprise. Profitez de l'incroyable Parade du réveillon du Nouvel An. Vous serez émerveillé par les feux d'artifice tirés au-dessus du *Château de la Belle au Bois Dormant*. Et que penseriez-vous de poursuivre votre soirée sur la piste de danse et accéder à tout un tas d'autres surprises ?

C'est une fête pour laquelle il faut disposer d'un ticket, qui coûte 99 € par personne et permet une entrée de 17h00 à 2h00 du matin. Le parc est ouvert aux détenteurs de tickets à partir de 20h00 seulement

Pour 2020, nous n'avons pas d'informations concernant le maintien ou non de la *Fête du Réveillon* à cause du Covid-19.

Le futur – Projets en Cours et Rumeurs

Expansion du Parc Walt Disney Studios
Le Parc Walt Disney Studios devrait continuer à s'agrandir avec de nouvelles attractions avec un investissement de 2 milliards d'euros.

La construction a déjà commencé et le projet devrait permettre une ouverture en trois phases, de 2021 à 2025.

Les trois nouvelles zones qui seront ajoutées au parc sont
• une zone Marvel, dont de nouvelles montagnes russes Iron Man (ouverture en 2021), une attraction interactive Spider-Man (ouverture en 2021) ainsi qu'une rencontre avec un personnage Marvel.
• une zone *La Reine des Neiges* avec une nouvelle attraction
• une zone *Star Wars* avec une nouvelle attraction

Disney indique ceci : « En plus de ces trois nouvelles zones, notre projet créatif comprend un nouveau lac, qui devrait devenir le point focal de l'offre de divertissements et reliera également les nouvelles zones du parc. »

Expansion du Disney Village
Le Disney Village devrait être étendu au cours des années qui arrivent, avec une nouvelle offre de boutiques et de restaurants.

Hôtels
Disneyland Paris a amorcé la rénovation de tous ses hôtels au cours des dernières années. L'Hotel New York est actuellement fermé pour une refonte totale, et ce devrait ensuite être au tour du Disneyland Hotel très bientôt.

Remerciements

Nous vous remercions d'avoir lu ce guide de voyage. Nous espérons que ce livre améliorera grandement votre visite de Disneyland Paris et que vous y avez trouvé plusieurs conseils qui vous permettront de gagner du temps, de l'argent et de l'énergie ! N'oubliez pas d'emporter ce guide avec vous lorsque vous vous rendrez sur place. Ce guide est également disponible sur support numérique.

Si vous avez des retours à nous faire sur un élément de ce guide, ou que vous avez remarqué des changements dans les parcs vis-à-vis de ce qui est indiqué dans le livre, alors dites-le-nous en nous envoyant un message. Pour nous contacter, visitez notre site à l'adresse suivante : www.independentguidebooks.com.

Si vous avez aimé ce guide, nous vous serions reconnaissant si vous pouviez laisser un avis à son sujet là où vous l'avez acheté. Vos avis aideront grandement d'autres personnes à trouver ce guide. Vous pouvez aussi laisser un petit pourboire à l'auteur de ce guide. Achetez-lui un café sur ko-fi.com/giobooks. Merci beaucoup!

Nous vous souhaitons de passer un moment magique !

Si vous avez aimé ce guide, vous trouverez les références suivantes parmi les autres guides de voyages de la collection (uniquement en anglais):

- The Independent Guide to Walt Disney World
- The Independent Guide to Universal Orlando
- The Independent Guide to Universal Studios Hollywood
- The Independent Guide to Disneyland
- The Independent Guide to Tokyo Disney Resort
- The Independent Guide to Hong Kong Disneyland
- The Independent Guide to Shanghai Disneyland
- The Independent Guide to Hong Kong
- The Independent Guide to Tokyo
- The Independent Guide to Dubai
- The Independent Guide to Paris
- The Independent Guide to London
- The Independent Guide to New York City

Services de traduction:
Merci à Laurie W. et Margaux G. pour leur aide avec ce projet de traduction du livre original en anglais.

Crédits photo:
Dans ce guide, les photos suivantes ont été utilisées sous une licence Creative Commons à partir de Flickr (sauf mention contraire). Nous adressons nos remerciements à: Disneyland Hotel (couverture et à l'intérieur) - Edgardo W. Olivera; Tower of Terror (couverture) et Front Lot - David Jafra; Thunder Mesa Riverboat, Blanche Neige and La Cabane des Robinson, Newport bay de pres, Dumbo, Phantom Manor, Indiana Jones, Peter Pan, it's a small world, Wild West Show - Loren Javier; Dumbo & Pinocchio - Jeremy Thompson; Nautilus - Paul Beattie; Star Tours - Anna Fox; and Ratatouille exterior - Eleazar; Fastpass (single) - Joel; Fastpass (multiple) - JJ Merelo; View of Lake Disney (rubrique La Marina) - Nicola; Val d'Europe - Tves Jalabert; Davy Crockett's Adventure - aventure-aventure.com; Golf - DisneylandParis.com; Aerial Image - Apple Maps; Disney Dollars - R Reeves; Teacups - Kabayanmark Images; Newport Bay far - Nicola; New York Hotel - .Martin.; Crush parade float - Moto@Club4AG; Sleeping Beauty Castle - Sergey Galyonkin; BTM and Halloween-Kevin Marshall; Tower of Terror - Ken Lund; Ratatouille - Martin Lewison; Parachute Drop - Ludovic; Panoramagique - Victor R Ruiz; Tour Eiffel - Pedro Szekely;.

Certaines images sont soumises à des droits d'auteur de The Walt Disney Company, Disneyland Paris et EuroDisney SCA.

Plan du Parc Disneyland

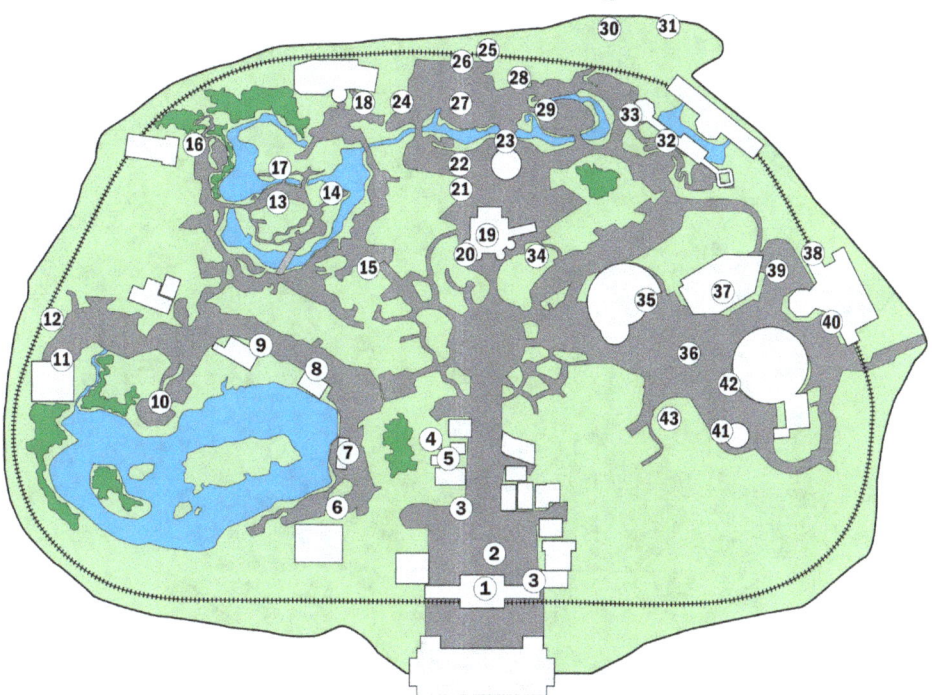

MAIN STREET, U.S.A.
1 - Gare de Main Street, U.S.A.
2 - Horse-Drawn Streetcars (Le Tramway)
3 - Main Street Vehicles
4 - Liberty Arcade
5 - Dapper Dan's Hair Cuts (un coiffeur)

FRONTIERLAND
6 - Phantom Manor
7 - Thunder Mesa Riverboat Landing
8 - Rustler Roundup Shooting Gallery
9 - Big Thunder Mountain
10 - Pocahontas Indian Village
11 - Frontierland Theatre
12 - Gare de Frontierland

ADVENTURELAND
13 - La Cabane des Robinson
14 - La Plage des Pirates
15 - Le Passage Enchanté d'Aladdin
16 - Indiana Jones et le Temple du Péril
17 - Adventure Isle
18 - Pirates of the Caribbean

FANTASYLAND
19 - Le Château de la Belle au Bois Dormant
20 - La Tanière du Dragon
21 - Blanche-Neige et les Sept Nains
22 - Les Voyages de Pinocchio
23 - Le Carrousel de Lancelot
24 - Peter Pan's Flight
25 - Gare de Fantasyland
26 - Rencontre avec Mickey
27 - Dumbo: The Flying Elephant
28 - Alice's Curious Labyrinth (Le Labyrinthe)
29 - Mad Hatter's Tea Cups (Les tasses)
30 - Casey Jr. - Le Petit Train du Cirque
31 - Le Pays des Contes de Fées
32 - 'it's a small world'
33 - Princess Pavilion
34 - Le Théâtre du Château

DISCOVERYLAND
35 - Buzz Lightyear Laser Blast
36 - Orbitron
37 - Videopolis
38 - Gare de Discoveryland
39 - Star Tours: L'Aventure Continue
40 - Mickey et Son Orchestre PhilharMagique
41 - Les Mystères du Nautilus
42 - Star Wars Hyperspace Mountain
43 - Autopia

Plan du Parc Walt Disney Studios

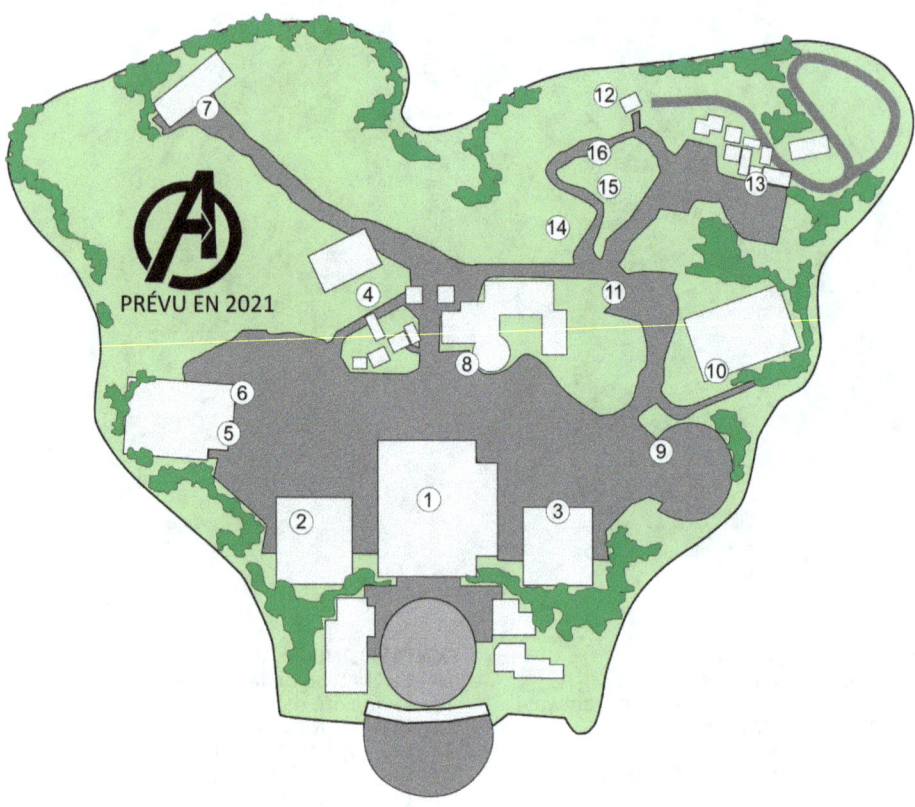

FRONT LOT
1 - Disney Studio 1

PRODUCTION COURTYARD
2 - CineMagique Theatre
3 - Mickey et Le Magicien - Animagique Theatre
4 - The Twilight Zone: Tower of Terror
5 - Studio D
6 - Stitch Live!

BACKLOT
7 - Moteurs...Action! Stunt Show Spectacular

TOON STUDIO
8 - Animation Celebration - La Reine des Neiges
9 - Flying Carpets over Agrabah
10 - Crush's Coaster

11 - Cars Race Rallye
12 - Cars: Route 66
13 - Ratatouille: L'Adventure Totalement Toquée de Rémy

TOY STORY PLAYLAND
14 - Toy Soldiers Parachute Drop
15 - Slinky Dog Zigzag Spin
16 - RC Racer

www.ingramcontent.com/pod-product-compliance
Lightning Source LLC
Chambersburg PA
CBHW071531080526
44588CB00011B/1640